NOTE : les mots accompagnés d'un * dans le texte sont expliqués dans « Mots et expressions » en page 95.

Repères

Dans toutes les langues, je me souviens se dit *Amarcord*...

Les noms des cinémas de la Ville étaient somme toute banals : l'ABC, le Vox, l'Eden. Il y avait aussi la Chapelle que l'Église ouvrait le vendredi soir, et l'École publique avait son ciné club qui occupait le jour de relâche, le mardi. Là, j'ai presque tout vu, sans ordre, indifféremment, par hasard, par désir ou par intuition.

Club et Chapelle, nous nous affronterons plus tard. Au Club se regrouperont les Cow-boys autour de Mankiewicz, Hawks, Ford, Hitchcock, Minnelli ; à la Chapelle , les Indiens autour d'Eisenstein, Bergman, Buñuel, Fellini, Visconti. Nous avions Welles en partage probablement parce qu'il fut apatride ou un géant tel, qu'il conservait un pied sur chaque continent.

Un jour, nous nous sommes tous retrouvés mais Godard, ce jour-là, n'est jamais venu.

Comme à la fin d'*Intervista*, les Cow-boys du club déguisés en Indiens ont encerclé le dernier carré de la Chapelle réfugié sous un tipi de sac plastique translucide, image dérisoire de ce qui reste de la salle obscure... Ce combat d'exception dure toujours.

L'ABC, le Vox, l'Eden, c'est là que tout a commencé : la magie de la salle, le décor en stuc, la lumière émise par les lampes tulipes montées sur des palettes, les jeux de rideaux, l'écran qui s'agrandit plus ou moins. Là, s'étendait mon royaume à perte d'images.

Il se trouve que j'ai commencé à aller beaucoup au cinéma à partir de l'automne 1958, exactement quand débute l'histoire de ce livre, l'histoire de ce cinéma français dont je dis quelque part qu'il est aussi insupportable qu'inimitable. Lumière donc, et Action !

CHAPITRE 1

PETITE HISTOIRE : 1958-1995

Le cinéma français n'a pas connu, après la Seconde Guerre mondiale, une rupture semblable à celle du néo-réalisme en Italie ; il a continué à faire du cinéma, comme avant, comme pendant la guerre... Il faut attendre 1958 pour le renouvellement d'une génération et l'avènement d'une nouvelle esthétique.

NOUVELLE VAGUE 1958-1968

Le Festival de Cannes 1959 couronne François Truffaut *(Les Quatre Cents Coups)* et Alain Resnais *(Hiroshima mon amour)*. C'est la prise de pouvoir par ce que l'hebdomadaire *l'Express* appelle la Nouvelle Vague et l'arrivée d'une nouvelle génération qui s'impose définitivement avec *Le Beau Serge* (1958) et *À Bout de souffle* (1960).

Cette génération a été formée par l'école du court-métrage, la Cinémathèque et la revue *Les Cahiers du cinéma*. Elle se distingue par une autre manière de filmer, plus rapide, plus libre.

La Nouvelle Vague consacre immédiatement trois cinéastes : Chabrol, Truffaut, Godard et devient très vite un groupe dans lequel il faut distinguer les cinéastes qui font partie du mouvement (Éric Rohmer, Jacques Rivette), les cinéastes proches du mouvement (Bresson, Varda, Resnais) et ceux qui sont souvent les cinéastes d'un seul film : Kast, Rozier, Doniol-Valcroze.

La Nouvelle Vague c'est aussi un moment de collaboration active entre écrivains et cinéastes : *L'Année dernière*

Les Demoiselles de Rochefort
(Françoise Dorléac, Catherine Deneuve)

à *Marienbad*, 1961 (Resnais, Robbe-Grillet), *Une Aussi longue absence*, 1960 (Colpi-Duras), *Hiroshima mon amour*, 1958 (Resnais-Duras) sont les films les plus célèbres de cette rencontre entre Nouvelle Vague et Nouveau Roman.

C'est enfin le moment où de nouveaux scénaristes collaborent de manière étroite avec les cinéastes : Paul Gégauff avec Chabrol, Jean Gruault avec Truffaut.

Parallèlement, la Nouvelle Vague consacre le triomphe du cinéma d'auteur : le cinéaste est désormais considéré comme l'égal de l'écrivain ; ce sera le cas pour : Louis Malle (*Ascenseur pour l'échafaud*, 1957 ; *Les Amants*, 1958), Jacques Demy (*Lola*, 1961 ; *Les Parapluies de Cherbourg*,

1964, *Les Demoiselles de Rochefort*, 1966) Jean-Pierre Melville (*Le Doulos*, 1962 ; *Le Deuxième Souffle*, 1966), Jacques Tati (*Mon Oncle*, 1958 ; *Play Time*, 1967).

L'école documentaire avec Jean Rouch et Chris Marker renouvelle l'approche du réel : chez l'un , recherche d'une stricte objectivité héritée de Rouquier *(Farrebique)* ; chez l'autre, recours à la subjectivité des commentaires. *Chronique d'un été* (1960) de Rouch, *Lettre de Sibérie* (1958) de Marker illustrent ces deux tendances.

Sans s'apparenter tout à fait à la Nouvelle Vague, quelques cinéastes arrivent avec un ton, une musique différents. Pierre Étaix (*Yoyo*, 1964), René Allio (*La Vieille Dame indigne*, 1965), Claude Berri (*Le Vieil Homme et l'Enfant*, 1966) sont de ceux-là.

En permettant dans son sillage l'émergence d'une nouvelle génération, la Nouvelle Vague a largement contribué au renouvellement d'une production de qualité qu'on appelle souvent la « qualité française ».

Philippe de Broca (*Cartouche,* 1961 et surtout *L'Homme de Rio,* 1963) invente la comédie d'aventure* ; Jean-Paul Rappeneau (*La Vie de Château,* 1965 ; *Les Mariés de l'An 2,* 1970) marie, à l'américaine, comédie de caractère* et comédie de mouvement ; Jean-Pierre Mocky cultive le ton de la satire* avec la complicité de l'acteur Bourvil (*Un drôle de Paroissien,* 1963 ; *La Grande Lessive,* 1969 ; *L'Étalon,* 1970) ; Yves Robert adapte les œuvres d'écrivains comme Louis Pergaud (*La Guerre des Boutons,* 1961), ou Jules Romains (*Les Copains,* 1964) ou crée des personnages attachants (*Alexandre le Bienheureux,* 1967 ; *Le Grand Blond avec une chaussure noire,* 1972) ; il se montre un artisan talentueux de la comédie de caractère.

Dans le même temps, Roger Vadim et Claude Lelouch réalisent des films pleins d'émotion et de virtuosité ; le premier invente un mythe, celui de BB (Brigitte Bardot)

César et Rosalie
(Samy Frey, Romy Schneider, Yves Montand)

(*Et Dieu créa la femme*, 1956), le second ajoute une certaine « touche » (*Un Homme et une Femme*, 1966) que l'on reconnaît toujours.

Les cinéastes d'action trouvent avec Robert Enrico (*Les Grandes Gueules*, 1965 ; *Les Aventuriers*, 1966) un cinéaste qui aime le panache.

Quant à la génération précédente, elle montre encore son savoir-faire : René Clément sa virtuosité (*Plein Soleil*, 1959 ; *Les Félins*, 1964), Henri Verneuil son habileté (*Mélodie en Sous-Sol*, 1962 ; *Cent mille dollars au soleil*, 1963 ; *Un Singe en Hiver*, 1963), Clouzot (*La Vérité*, 1960), Autant-Lara (*En cas de Malheur*, 1958), leur métier.

Avec 28 millions de spectateurs, *Le Corniaud* (1964), *La Grande Vadrouille* (1966) de Gérard Oury qui réunissent le tandem Bourvil, De Funès, sont les plus grands succès de cette période.

L'ESPRIT DE MAI : 1968-1981

Des événements de Mai 1968, le cinéma français retient :

• la naissance d'un jeune cinéma théoricien (Straub-Huillet, Hanoun), militant (groupe Dziga Vertov avec Godard), collectif Slon avec Chris Marker), régionaliste (*Garderem lo Larzac* de Philippe Haudiquet), poétique (Philippe Garrel).

• une tendance anarchiste : *Solo* (1970) de Jean-Pierre Mocky, *L'an 01* (1972) de Jacques Doillon ;

• la naissance d'un cinéma de dénonciation : avec les films de Costa Gavras et sa trilogie antifasciste (*Z*, 1969), anticommuniste (*L'Aveu*, 1970) et anti-impérialiste (*État de Siège*, 1973) ; ceux d'Yves Boisset (*L'Attentat*, 1972 ; *Dupont la Joie*, 1974 ; *Le Juge Fayard*, 1976) et de Jacques Rouffio (*L'Horizon*, 1967 ; *Sept morts sur ordonnance*, 1976 ; *Le Sucre*, 1979) sur la corruption et les scandales politiques ;

• l'arrivée d'une génération de cinéphiles qui relie cinéma français des années 1950, cinéma américain, réalisme critique et réalisme psychologique. Bertrand Tavernier (*L'Horloger de Saint-Paul*, 1973 ; *Le Juge et l'Assassin*, 1976 ; *Les Enfants gâtés*, 1977), Maurice Pialat (*Nous ne vieillirons pas ensemble*, 1972 ; *Passe ton bac d'abord*, 1979 ; *Loulou*, 1980), Bertrand Blier (*Les Valseuses*, 1973 ; *Préparez vos mouchoirs*, 1976 ; *Buffet froid*, 1979), André Téchiné (*Hôtel des Amériques*, 1981, *Rendez-vous*, 1985 ; *Le Lieu du crime* (1986), Jacques Doillon (*La Femme qui pleure*, 1978 ; *La Drôlesse*, 1979 ; *La Fille prodigue*, 1980), Claude Miller (*La meilleure façon de marcher*, 1975 ; *Dites-lui que je l'aime*, 1977) sont les représentants de ce cinéma des héritiers ;

• l'attention portée aux problèmes de société : Claude Sautet avec le scénariste Jean-Loup Dabadie se fait le chroniqueur de la société libérale qui a élu Giscard d'Estaing : *Les Choses de la Vie* (1969), *César et Rosalie* (1972), *Vincent,*

François, Paul et les autres (1975), *Mado* (1976) parlent de cette époque. Francis Girod jette, lui, un regard plus critique : *Le Trio Infernal* (1974), *La Banquière* (1980), *L'État sauvage* (1978) en portent la trace. Claude Chabrol n'en finit pas d'explorer les passions bourgeoises avec *La Femme Infidèle* (1968), *Le Boucher* (1970), *Les Noces Rouges* (1973), *Folies Bourgeoises* (1975), *Violette Nozières* (1978).

Claude Berri (*Le Vieil Homme et l'Enfant*, 1966 ; *Le Pistonné*, 1969 ; *Uranus* (1991), Coline Serreau (*Trois Hommes et un couffin*, 1985 ; *La Crise*, 1993), Jean-Claude Brisseau (*De Bruit et de Fureur*, 1986), enregistrent autant les problèmes que les changements de la société française.

• une autre lecture de l'histoire : fiction, *Les Camisards* de René Allio (1970), *Lacombe Lucien* de Louis Malle (1974), *Stavisky* (1974) d'Alain Resnais, *L'Affiche rouge* (1976) de Frank Cassenti, ou documentaire, *Le Chagrin et la Pitié* (1976) de Marcel Ophüls, *La Guerre d'Algérie* (1992) ont contribué à cette relecture des pages refoulées de l'Histoire de France.

• l'éclatement en parcours individuels de la Nouvelle Vague : Rohmer s'impose avec *Ma nuit chez Maud* (1969), *Le Genou de Claire* (1970), Rivette déroute et séduit avec *L'Amour fou* (1968) et *Céline et Julie vont en bateau* (1974), Truffaut triomphe avec *Baisers Volés* (1968), *L'Enfant sauvage* (1970), *La Nuit américaine* (1973), *L'Histoire d'Adèle H.* (1975), *L'Argent de poche* (1976) et *Le Dernier Métro* (1980).

APRÈS 1981…
LES ANNÉES DE DOUTE

Bouleversement du paysage audiovisuel, changement des modes de production, diminution de l'audience, perte de part de marché, les années 1980 contrastent avec la période précédente. On peut cependant déterminer quelques grandes tendances au cours de ces années-là.

• Retour à une inspiration littéraire : triomphe mondial de *Cyrano* (1990), retour à Pagnol (*La Gloire de mon père,* 1990 ; *Jean de Florette* et *Manon des Sources,* 1986), retour aux grandes adaptations (*Germinal,* 1993 ; *Le Colonel Chabert,* 1994 ; *Le Hussard sur le toit,* 1995).

• Retour à un cinéma spectaculaire : avec Jean-Jacques Annaud, *La Guerre du Feu* (1981), *Le Nom de la Rose* (1986), *L'Ours* (1988), *L'Amant* (1992), le cinéma français a son spécialiste.

• Changement de ton dans la comédie. À côté des comédies burlesques ou de caractère de Zidi et Veber, apparaît une comédie plus acide par l'équipe du « Splendid », sortie du café théâtre* : *Papy fait de la résistance* (1982), *Viens chez moi, j'habite chez une copine* (1981), *Le Père Noël est une ordure* (1983), *Marche à l'ombre* (1984) sont des comédies un peu folles qui trouvent leur apogée avec *Les Visiteurs* (1993) ; Étienne Chatilliez (*La Vie est un long fleuve tranquille,* 1987 ; *Tati Danielle,* 1990) choisit la satire ; quant à Coline Serreau, elle impose avec *Trois Hommes et un couffin* (1985) et *La Crise* (1993) une comédie construite sur des thèmes de société.

• Triomphe des adolescents : de *La Boum 1* et *2* (1981-1982) de Claude Pinoteau à *La Fille de Quinze ans* (1989), et au *Petit Criminel* (1990) de Jacques Doillon, des *Nuits de la Pleine Lune* (1984) à *De Bruit et de Fureur* (1986) de Jean-Claude Brisseau, de *L'Effrontée* (1985) de Claude Miller à *La Discrète* (1991) de Christian Vincent, les coups de cœur, les mélancolies, les désespoirs, la violence des adolescents traduisent l'attention d'un cinéma à son public majoritaire, celui des 15-35 ans.

• Triomphe des cinéastes excessifs : excès de la forme, excès de romanesque, excès de sentiment, Luc Besson (*Le Grand Bleu,* 1988 ; *Nikita,* 1990 ; *Léon,* 1994), Jean-Jacques Beineix (*Diva,* 1980 ; *37°,2 le matin,* 1986), Régis

Wargnier (*La Femme de ma vie*, 1986 ; *Je suis le seigneur du château*, 1989 ; *Indochine*, 1992) imposent un cinéma qui n'a peur de rien.

• Arrivée massive des cinéastes femmes : Claire Denis (*Chocolat*, 1988 ; *J'ai pas sommeil*, 1994) ; Claire Devers (*Chimère*, 1989), Catherine Ferrand (*Petits arrangements avec les mots* (1994), Marion Vernoux (*Personne ne m'aime*, 1994), Catherine Corsini (*Les Amoureux*, 1994), Laurence Ferreira Barbosa (*Les gens normaux n'ont rien d'exceptionnel*, 1993), témoignent de la diversité et de la multiplicité des talents féminins.

• Vitalité des cinéastes consacrés : Louis Malle (*Au Revoir les Enfants*, 1987), Bertrand Tavernier (*La Vie et rien d'autre*, 1989), Claude Sautet (*Un cœur en hiver*, 1992), Alain Resnais (*Mon Oncle d'Amérique*, 1980 ; *Mélo*, 1986, *Smoking, No Smoking*, 1993), Claude Chabrol (*Une affaire de femmes*, 1988), Agnès Varda (*Sans toit ni loi*, 1985), Jean-Luc Godard (*Passion*, 1981 ; *Nouvelle Vague*, 1990), Jacques Rivette (*La Belle Noiseuse*, 1991), Maurice Pialat (*Sous le soleil de Satan*, 1987 ; *Van Gogh*, 1991) assurent une continuité de ton et d'inspiration qui sont l'image culturelle du cinéma français.

• Émergence d'une nouvelle génération : cette nouvelle génération a été formée par les écoles de cinéma, par la réalisation de court-métrages et les références cinéphiliques. Arnaud Desplechin (*La Sentinelle*, 1992), Christian Dupeyron (*Drôle d'endroit pour une rencontre*, 1988), Xavier Beauvois (*Nord*, 1991), Cedric Kahn (*Bar des rails*, 1992), sont, avec la génération de cinéastes femmes, les personnalités les plus marquantes.

Le Lieu du crime
(Catherine Deneuve, Danielle Darrieux)

37°2 le matin
(Jean-Hugues Anglade, Béatrice Dalle)

CHAPITRE 2

QUAND LES FRANÇAIS VONT AU CINÉMA...

« Un amusement de foire », telle fut la conclusion après la première projection en 1895 du film « La Sortie des Usines » selon le procédé « cinématographe » des fameux frères Lumière... Et pourtant cet amusement de foire a conquis la terre entière...

UN LOISIR...

Aujourd'hui, les Français ne sont plus que 120 millions à se rendre dans une salle de cinéma, ils étaient 400 millions dans les années 1950 et sont restés jusqu'au début des années 1980 quelque 200 millions à fréquenter les salles obscures.

Et pourtant ils aiment toujours autant le cinéma, mais autrement : à la télévision, sur les 25 chaînes auxquelles ils peuvent avoir accès en cassettes vidéo, grâce aux 13 millions de magnétoscopes. Au total, le cinéma à domicile rassemble en France cinq milliards de spectateurs !

Malgré ce changement, le cinéma reste le loisir le plus fréquent : un Français sur deux de plus de quinze ans y va au moins une fois par an, et près d'un tiers d'entre eux sont des spectateurs réguliers.

Le cinéma devance encore toutes les autres activités de loisirs : fête foraine, visite de musées ou monuments historiques, matchs sportifs, expositions, théâtre, concerts de rock ou de jazz, spectacles de danse ou d'opéra.

Ce sont surtout les jeunes qui fréquentent les salles de cinéma : les trois-quarts des entrées sont assurées par les moins de 35 ans et les 15-24 ans comptent pour la moitié d'entre eux.

Dans l'ensemble, les spectateurs forment un public plutôt instruit (81 % de ceux qui vont au cinéma ont poursuivi des études supérieures), plutôt masculin (41 % d'hommes contre 35 % de femmes), plutôt célibataire et citadin, enfin plutôt parisien que provincial (81 % des Parisiens vont au moins une fois par an au cinéma contre 49 % pour le reste de la population).

Quand ils vont au cinéma, les Français vont voir d'abord des films comiques (57 %), des films d'aventures (49 %), des policiers (46 %), des films historiques (40 %), puis des histoires d'amour (29 %), des dessins animés (18 %), des films de science-fiction (18 %), des comédies musicales (16 %), des films politiques (14 %), enfin des films d'épouvante (12 %).

BUDGET CULTUREL
Ce que les Français dépensent

	(en %)
Presse	25,7
Édition	16,4
Radio-TV	14,9
Lecteur CD, magnétophone, magnétoscopes	11,8
Redevance TV	8,9
Disques, cassettes	7,8
Spectacles	8,8
Cinéma	3,2
Films, pellicules	2,9
Appareils photos	1,9

Données INSEE

LES SPECTATEURS DANS LE MONDE...

États-Unis	1 milliard
Europe :	650 millions
dont : France	120 millions
Grande-Bretagne	110 millions
Allemagne	105 millions
Italie	87 millions
Espagne	83 millions
Japon	145 millions
Chine	20 milliards
Inde	4 milliards

CINÉ PARADE *(en millions de spectateurs)*

La Grande vadrouille (F)	17,2
Il était une fois dans l'Ouest (I)	14,8
Les Visiteurs (F)	14,3
Les Dix Commandements (USA)	14,2
Ben-Hur (USA)	13,8
Le Pont de la Rivière Kwaï (USA)	13,4
Le Livre de la Jungle (USA)	12,5
Le Jour le plus long (USA)	11,9
Le Corniaud (F)	11,7
Les 101 Dalmatiens (USA)	11,6
Les Aristochats (USA)	10,4
Trois Hommes et un couffin (F)	10,2
Les Canons de Navarone (USA)	10,2
Les Misérables (F)	9,9
Docteur Jivago (USA)	9,8
La Guerre des Boutons (F)	9,7
L'Ours (F)	9,1
Emmanuelle (F)	8,9
Le Grand Bleu (F)	8,9
E.T. (USA)	8,9

Au cinéma, les Français recherchent donc en priorité le rire (49 %), l'évasion (29 %), le plaisir de voir les comédiens qu'ils aiment (21 %), l'émotion (19 %), l'action (15 %) et le suspense (9 %). Et si pendant longtemps ils ont préféré les films français, ils trouvent aujourd'hui les films américains plus attractifs (55 % des entrées contre 35 % pour les films français).

UNE PRATIQUE CULTURELLE

En 1968, l'indépendance de la Cinémathèque d'Henri Langlois est menacée... cinéastes du monde entier, cinéphiles se mobilisent pour défendre ce qui est devenu une institution légendaire en France comme à l'étranger et François Truffaut lui dédie *Baisers Volés*.

En 1993, la négociation commerciale du GATT souhaite traiter les films comme n'importe quel autre produit et les soumettre à la loi de la concurrence ; cinéastes européens, cinéphiles, intellectuels refusent cette idée et se mobilisent au nom de la culture pour défendre le cinéma en tant qu'art...

En France, autant qu'un divertissement, le cinéma est un art, le Septième art. Presse, radio, télévision, relations sociales ou amicales, on parle partout de cinéma. Et un film est un objet d'analyse, de débat, de critique et de conversation au même titre qu'un livre ou une pièce de théâtre.

Cette reconnaissance culturelle s'explique par le rôle pédagogique essentiel que les ciné-clubs ont joué dans la formation des spectateurs depuis 1945 : il existe actuellement en France 11 000 ciné-clubs qui regroupent plus d'un million d'adhérents ; par ailleurs, 770 salles classées « Art et Essai » ont pour objectif de faire connaître des films d'auteurs du monde entier. Paris est une fête pour les cinéphiles : il n'est pas rare de pouvoir voir la même semaine, en version originale, des films de 40 nationalités différentes.

Ajoutons à cela le rôle historique des revues : *Les Cahiers du Cinéma, Positif, Cinéma,* la revue de la Fédération française des ciné-clubs, *La Revue du Cinéma, Image et Son* ont contribué à placer les réalisateurs au rang d'auteurs et à considérer leurs films comme de vraies œuvres d'art avec des parti-pris esthétiques, des thèmes, un art du récit qui les distinguent entre tous. John Huston, Fritz Lang, Elia Kazan ou Clint Eastwood n'ont jamais manqué ou ne manquent jamais une occasion de rappeler le rôle de ces revues qui ont su reconnaître la dimension universelle de leur œuvre.

Aujourd'hui, de nouvelles revues, *CinémAction, Limelight, Trafic, Vertigo, Caméra Stylo* poursuivent ce travail, chacune avec des partis-pris différents. Deux magazines, *Première* et *Studio,* rapprochent chaque mois le grand public du cinéma.

La Cinémathèque française ou Cinémathèque Henri Langlois a joué également un rôle décisif dans la formation d'une culture cinéphilique. Collectionneur, amateur, gourou, Henri Langlois a fait de la Cinémathèque française un véritable temple, lieu d'adoration et d'excommunication, de découverte et de consécration, qui a formé le goût de plusieurs générations de cinéphiles et révélé des vocations de cinéaste ; elle a sacré auteurs bon nombre de réalisateurs de films qui étaient considérés alors seulement comme metteurs en scène d'un scénario écrit par d'autres.

L'école et l'université ont aussi joué un rôle dans la reconnaissance culturelle du cinéma : il existe une épreuve de cinéma pour le baccalauréat, on peut préparer une licence de cinéma à l'université, et certains concours nationaux comprennent une épreuve de cinéma.

Enfin, les Festivals sont une des manifestations les plus spectaculaires du rôle culturel du cinéma. On n'en compte pas moins de 40, consacrés à des thèmes (jeune cinéma, cinéma des régions, cinéma des femmes), à des genres (comédie, policier, documentaire, court métrage, dessins animés), à des pays (américain, italien, arabe, britannique, méditerranéen...), à de grands réalisateurs, au patrimoine (Cinémémoire) ; le plus important reste bien sûr le Festival de Cannes. Créée en 1946, la première manifestation mondiale du cinéma rassemble chaque année plus de 40 000 participants, 4 000 journalistes, 3 000 professionnels et permet d'assister à la projection d'environ 500 films dont une vingtaine en compétition. Rendez-vous des amoureux du cinéma, des principaux acteurs du marché du film, Cannes est ce « miracle de l'art et de l'argent » toujours recommencé.

UNE INDUSTRIE

130 films produits chaque année, deuxième exportateur mondial, la France est dans le monde l'une des grandes nations cinématographiques. Elle le doit à une industrie active et à la politique de l'État en faveur du cinéma.

Le Centre National de la Cinématographie ou CNC, établissement à caractère public et administratif, créé en 1946, est l'autorité qui contrôle et aide l'industrie cinématographique ; il est le gestionnaire du système d'aides*. La taxe sur tous les billets vendus, le prélèvement sur les recettes des chaînes de télévision, permet au compte de soutien* financier au cinéma d'atteindre 880 millions de francs. Perçue sur l'ensemble des films et redistribuée aux seuls professionnels français (producteurs, distributeurs et exploitants de salles), cette taxe fait financer en partie le cinéma national et aujourd'hui européen par le cinéma américain.

Cette taxe a assuré la reconstruction de l'industrie cinématographique française, facilité la transformation et la modernisation des salles (4 441 écrans), permis un renouvellement continu de la création artistique. Elle finance de manière sélective la production* d'une soixantaine de films (depuis 1960 l'avance sur recettes a contribué au financement de 1 300 films), le montage de premiers films, la réécriture de scénarios, le développement de projets, la mise en place de coproductions*, le tirage des copies d'une quarantaine de films français et étrangers correspondant à certains critères de qualité. Ce fonds de soutien favorise également la diffusion de films dans de petites villes, il apporte aussi son aide aux salles d'art et d'essai qui diffusent des films d'auteurs ou de recherche, aux cinémathèques, festivals, associations, instituts de formation...

Mais le dynamisme de l'industrie cinématographique est aussi dû aux trois grands groupes Pathé, Gaumont (qui inventèrent il y a un siècle le spectacle cinématographique)

TOUT LE CINÉMA EN CHIFFRES...

Archives (nbre de films)	100 000
Écrans	4 400
Salles d'art et d'essai	750
Distributeurs	160
Producteurs	200
Réalisateurs	850
Acteurs	12 000
Films en salle	450
Films (produits)	130
Cassettes vidéo vendues	30 millions
Films projetés à la TV	1 400

et UGC qui intègrent les fonctions d'exploitant*, de distributeur*, de programmateur*, de producteur* et de gestionnaire de droits audiovisuels*. À eux trois, ils pèsent environ 2,5 milliards de francs.

Face à ces trois grandes puissances, on assiste à la montée de deux nouveaux groupes, Canal Plus et Bouygues (TF1 et Ciby 2000), qui construisent leur puissance sur l'intégration télévision-vidéo-production. Ils pèsent déjà à tous les deux environ 10 milliards de francs.

D'une manière générale, l'industrie cinématographique est de plus en plus intégrée à des groupes industriels ou bancaires plus vastes.

Cet ensemble assure ainsi au cinéma français une position industrielle et artistique dominante en Europe.

CHAPITRE 3

NOUVELLE VAGUE...
NOUVELLES VAGUES...

Nouvelle Vague

En 1958, la France a connu deux événements importants, l'un politique qui ramène le Général de Gaulle au pouvoir, l'autre cinématographique qui voit l'émergence d'une nouvelle génération de cinéastes bien décidés à faire du cinéma autrement. Le magazine hebdomadaire *L'Express* la nomme naturellement *Nouvelle Vague* ; pourquoi nouvelle ? parce que dans ces années-là, tout est nouveau : le roman (Robbe Grillet, Butor), le réalisme (Arman, César, Klein), le franc (auquel certains Français ne se sont toujours pas habitués !) et jusqu'à la République (qui, de quatrième, devient V^e...).

Au commencement « Les Cahiers du Cinéma... »

Pourtant, cette Nouvelle Vague, qui s'impose entre 1957 et 1959, ne naît pas de rien ; elle est le résultat du travail des ciné clubs qui ont révélé que le cinéma était un art à part entière, des revues qui ont analysé l'esthétique particulière des cinéastes.

La revue *Les Cahiers du Cinéma* créée en 1951 par André Bazin et Jacques Doniol-Valcroze va jouer un rôle décisif. Elle accueille les signatures de Truffaut, Godard, Rohmer, Rivette, Chabrol... Tous ces jeunes critiques vont s'attacher à illustrer la thèse d'André Bazin qui fait du metteur en scène, c'est-à-dire de celui qui décide des images et des sons, le véritable auteur du film ; c'est ainsi que naît la

Jules et Jim
(Jeanne Moreau,
Henri Serres,
Oscar Werner)

Le Mépris
(Michel Piccoli,
Brigitte Bardot)

notion d'« auteur » au cinéma et la volonté des cinéastes d'être considérés comme tel.

Alexandre Astruc, dans un texte aujourd'hui classique, inventera l'expression « caméra-stylo » pour désigner le cinéma comme un langage « c'est-à-dire une forme dans laquelle et par laquelle l'artiste peut exprimer sa pensée [...] un moyen d'écriture aussi souple et aussi subtil que celui du langage écrit [...] Dès aujourd'hui il est possible de donner au cinéma des œuvres équivalentes par leur profondeur et leur signification aux romans de Faulkner, à ceux de Malraux, Sartre ou Camus ».

Le Beau Serge de Claude Chabrol (printemps 1959), *Les Quatre Cents Coups* de François Truffaut (Cannes 1959), *À Bout de souffle* de Jean-Luc Godard (printemps 1960) vont imposer au monde entier tout à la fois la Nouvelle Vague, le concept de cinéma d'auteur et une nouvelle esthétique.

Une nouvelle esthétique

« Filmer autre chose, avec un autre esprit et d'autres méthodes », c'est ainsi que Truffaut définit cette nouvelle esthétique :
- une esthétique de l'économie : filmer vite, en extérieurs, en dehors du « star system », avec de petits budgets, ce qui limite les risques économiques ;
- une esthétique libérée des studios et des contraintes techniques grâce à l'utilisation de nouvelles pellicules qui permettent de filmer à l'extérieur, en lumière naturelle ;
- une esthétique qui aborde des thèmes plus personnels avec des personnages plus naturels et une écriture plus proche de la réalité ;
- enfin une esthétique de la référence, celle des cinéastes qui sont les premiers « à savoir que Griffith existe », qui marient Rossellini (pour le réalisme) et Hawks (pour la manière de filmer à hauteur d'homme).

Dans une société où il fallait « avoir fait ses preuves », c'est aussi l'irruption de la jeunesse : Truffaut a 26 ans, Chabrol 28 et Godard 30. Avec ces nouveaux metteurs en scène, apparaît une nouvelle génération de producteurs, de scénaristes, de directeurs de la photo, enfin de comédiens (J.-C. Brialy, J.-P. Belmondo, J.-P. Léaud, Anna Karina, Jean Seberg, G. Blain, Emmanuelle Riva, Bernadette Lafont, Alexandre Stewart, etc.).

Cinq cinéastes :
Chabrol, Truffaut, Godard, Rohmer, Rivette

Claude Chabrol

Chabrol aura terminé son second film *(Les Cousins)* avant que ne sorte le premier *(Le Beau Serge)* et depuis trente-cinq ans Chabrol enchaîne film sur film...

Dans *Le Beau Serge,* il conte une histoire provinciale mélodramatique entre un alcoolique et un tuberculeux. Dans *Les Cousins,* il peint un tableau ironique de jeunes bourgeois décadents parisiens, dans *À Double tour* (1959), il analyse les mécanismes dévastateurs d'une passion, dans *Les Bonnes Femmes* (1960), il jette un regard critique sur l'univers factice de quatre midinettes : en quatre films Chabrol aura fixé sa manière (plutôt brillante) et une vision (plutôt pessimiste) du monde. Habile cuisinier, il saura, au fil du temps, marier avec des réussites inégales ces différents ingrédients.

Critique sociale dans *Les Godelureaux* (1961), *Le Scandale* (1967), *La Rupture* (1970), *Les Noces rouges* (1973), portraits caractéristiques d'une époque dans *Landru* (1966), *Violette Nozières* (1978), *Une Affaire de femmes* (1988) ; dérision et parodies, *Marie Chantal contre Dr Kha* (1967), Série des *Tigres* (1964-1966), *Poulet au vinaigre* (1985), *Inspecteur Lavardin* (1986) ; labyrinthes psychologiques, *Les Biches* (1968), *La Femme infidèle* (1969), *Que la Bête meure* (1969),

Le Boucher (1970), *Alice* (1977), *Les Fantômes du chapelier* (1982), *Betty* (1992).

François Truffaut

Avec *Les Quatre Cents Coups* (1959), Truffaut trouve immédiatement une renommée internationale qui ira grandissant.

Les Quatre Cents Coups ouvre en même temps le cycle d'Antoine Doinel, cycle autour d'un personnage, d'un acteur (Jean-Pierre Léaud) que Truffaut filme à quatre reprises : *L'Amour à vingt ans* (1962), *Baisers volés* (1968), *Domicile conjugal* (1970), *L'Amour en fuite* (1978). Cette relation à l'enfance donnera également naissance à deux autres films, *L'Enfant sauvage* (1969), *L'Argent de poche* (1975).

Tirez sur le pianiste (1961), *La Mariée était en noir* (1967), *La Sirène du Mississipi* (1969), *Vivement Dimanche* (1983) sont l'occasion pour le cinéaste de démonter à la fois les mécanismes d'un genre (le « thriller ») et ceux d'un destin.

Sa sensibilité littéraire lui inspirera un film où il dit son amour des livres, *Fahrenheit 451* (1966), et deux chefs d'œuvre, *Jules et Jim* (1961) et *Histoire d'Adèle H* (1975).

Quant au rapport de l'art et de la vie, ils donneront naissance à deux chroniques : *La Nuit américaine* (1973) et *Le Dernier Métro* (1980) dans lesquelles il remplit parfaitement le programme de John Ford : « filmer des personnages sympathiques dans des situations intéressantes ».

Jean-Luc Godard

Avec *À Bout de souffle* (1959), Godard a tout cassé pour tout reconstruire autrement : les personnages, l'intrigue, l'action, le temps, l'espace, le son...

Construction, déconstruction. Depuis trente-cinq ans, Godard se livre à son jeu favori avec le plaisir d'un esthète amoureux des images aux lumières somptueuses ou coupantes, aux couleurs sensuelles ou violentes, des sons, des bruits et des musiques confondus en une seule partition ; ses films sont ceux d'un poète ou d'un peintre qui n'aurait jamais cessé de pratiquer le collage une technique chère aux surréalistes : bouts de réalité (*Vivre sa vie,* 1963 ; *Weekend,* 1967 ; *Tout va bien,* 1972 ; *Deux ou trois choses que je sais d'elle,* 1966), ligne brisée des sentiments (*Une femme mariée,* 1964 ; *Masculin Féminin,* 1966), éclatement des genres, comédie (*Une femme est une femme,* 1961), policier (*Bande à Part,* 1964), science-fiction (*Alphaville,* 1965), « thriller » (*Détective,* 1985).

Son cinéma peut aussi atteindre un très grand lyrisme : c'est le cas avec *Pierrot le Fou* (1965), *Le Mépris* (1964) ou *Nouvelle Vague* (1991), aboutissement d'une série de recherches dont *Sauve qui peut, (la vie)* (1980), *Passion* (1982), *Prénom Carmen* (1983) et *Je vous salue Marie* (1984) ont été les étapes et autant d'interrogations sur la représentation.

Éric Rohmer

Rohmer organise son œuvre en séries : série des « Contes moraux » (1962-1970), série des adaptations littéraires (1976-1978), série enfin des « Comédies et proverbes » qui l'occupent toujours : ce cinéma qui dit « vous » accorde une place très importante au théâtre de la parole et des idées, au dessin psychologique des personnages, à un marivaudage où les jeux de l'amour et du hasard indiquent la parenté que le cinéaste entretient avec le XVIIIe siècle.

Moraliste, Rohmer est à la manière de Maud (*Ma nuit chez Maud,* 1969), un esprit libre, hors de tout système... Si la série des « Contes moraux », *Ma nuit chez Maud* (1969), *Le Genou de Claire* (1970), *L'Amour l'après-midi* (1970)

Ma nuit chez Maud
(Jean-Louis Trintignant, Françoise Fabian)

s'intéresse à des personnages adultes, la série des
« Comédies et proverbes » (*Pauline à la Plage,* 1982 ; *La
Femme de l'Aviateur,* 1980 ; *Nuits de la pleine lune,* 1984 ;
Le Rayon vert, 1986) met plutôt en scène de grands ado-
lescents ou de jeunes adultes et s'attache à démonter toutes
les contradictions qui dictent leurs comportements.

Jacques Rivette

Rapports mystérieux, histoires emboîtées, réseaux
invisibles, c'est entre *Docteur Mabuse* de Fritz Lang et
L'Histoire des Treize de Balzac qu'évolue le cinéma de
Jacques Rivette : *Paris nous appartient* (1961), *L'Amour Fou*
(1969), *Céline et Julie vont en bateau* (1974), *Le Pont du Nord*
(1982) sont les étapes d'une œuvre qui est tout à la fois
un jeu de l'oie et un jeu de territoires ; *La Religieuse* (1966),
Hurlevent (1985) ou *La Bande des quatre* (1989), œuvres
de passion et de déraison sont hantées comme toute
l'œuvre de Rivette par l'obsession permanente du com-
plot. *La Belle Noiseuse* (1991) évoque ce travail continu de
la création et du désir qui sont les deux pôles du cinéma
de Jacques Rivette.

Une nébuleuse

Le label Nouvelle Vague va amener des compagnonnages provisoires et l'apparition d'une génération de jeunes cinéastes dont la carrière aura beaucoup de mal à se dessiner ; certains resteront les cinéastes d'un seul film : Jacques Doniol-Valcroze *(L'Eau à la bouche)*, Pierre Kast *(Le Bel Âge)*, Jacques Rozier *(Adieu Philippine)*

Un seul, malgré la brièveté de son œuvre, peut être considéré comme le continuateur ou l'héritier de la Nouvelle Vague : Jean Eustache. *La Maman et la Putain* (1973), *Mes Petites Amoureuses* (1975) sont des films intimistes* où des personnages marginaux, partagés entre conventions sociales et vérité des sentiments, disent leur malaise.

D'autres croisent un mouvement qu'ils ont précédé (Deville, Varda, Bresson, Malle, Vadim, Astruc) ; beaucoup en profitent pour réaliser à ce moment-là leur premier film. Ils participent à la relève naturelle d'une génération : Alain Resnais, Jacques Demy, Georges Franju, Michel Drach, Henri Colpi, Philippe De Broca, Michel Deville, François Leterrier, Alain Cavalier, Jean-Gabriel Albicocco, Claude Lelouch poursuivront une œuvre ou une carrière sans que jamais l'on songe à les rattacher formellement au mouvement.

NOUVELLES VAGUES... LE JEUNE CINÉMA

Un mot chassant l'autre, « nouveau » cède la place en 1968 à « jeune » : le temps des baby boomers est arrivé...

Mai 1968 ayant fait son œuvre, la Nouvelle Vague cède la place à une autre économie et à une autre esthétique cinématographiques.

Cette économie et cette esthétique se fondent sur une image en marge de l'artiste, poétique et politique (avoir une conscience politique constitue dans les années 1968 un impératif catégorique).

Économiquement, le « Jeune cinéma » se veut hors des circuits traditionnels. Pauvre, il recourt à l'autofinancement et au mécénat.

Esthétiquement, le « Jeune cinéma » se réclame de trois volontés : l'Avant-garde, la Théorie, l'Anticinéma.

Avant-gardiste, il essaie de renouer avec le cinéma d'expression libre des années vingt.

Théoricien, il refuse le récit et la fascination au nom de l'esprit critique.

Anti-cinéma, il trouve son expression dans trois tendances :

• le cinéma militant : films d'intervention, films de lutte, ils puisent leur inspiration dans l'actualité : les rapports du monde du travail (*La Voix de son maître* de Patrick Mordillat), les luttes régionales (*Garderem lo Larzac* de Philippe Haudiquet, *La Folle de Toujane* de René Vautier ; *Histoire d'Adrien* de Jean-Pierre Denis).

• le cinéma théorique : il repose sur une interrogation et une confrontation des images et des sons. Marcel Hanoun (*Une simple histoire,* 1958 ; *Le Huitième Jour,* 1959 ; *Le Printemps,* 1972 ; *L'Automne,* 1974), Jean-Marie Straub et Danielle Huillet avec *Othon* (1969), *Chronique d'Anna Magdalena Bach* (1968), *Fortini Cani* (1977), *Moïse et Aaron* (1974), *Amerika* (1984) et Luc Moulet (*Anatomie d'un rapport,* 1976 ; *Genèse d'un repas,* 1978) sont les représentants les plus rigoureux de cette tendance : leurs films construisent un art à la fois poétique et austère.

• le cinéma de l'irrationnel : le plus illustre de ses représentants est Philippe Garrel ; ses films sont comme des voyages immobiles dans lesquels tout mouvement est hallucinatoire : *La Cicatrice intérieure, L'Athanor, Les Hautes solitudes, Le Bleu des origines,* réalisés dans les années 1970, sont les films témoins de cette tentative.

CHAPITRE 4

LE CINÉMA D'AUTEUR

La littérature a ses auteurs ; les cinéastes, tous amoureux de littérature, ont naturellement emprunté le concept d'auteur à la littérature. L'auteur est donc celui qui a inventé ou choisi une histoire dans laquelle il a inscrit ou retrouvé des thèmes ; il impose un certain regard sur le monde et traduit tout cela dans un style reconnaissable de film en film.

On relit donc les cinéastes du passé comme on relit des auteurs, on désigne les auteurs d'aujourd'hui et on pressent les auteurs de demain.

Lancé par *les Cahiers du Cinéma* et revendiqué par la Nouvelle Vague, le concept d'auteur est devenu aujourd'hui mondial.

GÉNÉRATION 1960

Autour de la Nouvelle Vague, l'ayant précédée ou accompagnée, s'est déployée une génération de cinéastes dont le parcours très personnel les distingue encore aujourd'hui. Robert Bresson, Agnès Varda, Louis Malle ont précédé la Nouvelle Vague, Alain Resnais, Jacques Demy, Alain Cavalier l'ont accompagnée.

Bresson

C'est à Bresson que l'on doit l'utilisation du mot cinématographe plutôt que cinéma ; il s'agit pour lui de mettre en valeur l'idée d'écriture. Et Bresson a mis en place toute une esthétique qui sépare définitivement le cinéma du réalisme ou du vraisemblable. Rapports du son, du texte et de l'image, jeu décalé, anti-psychologique des comédiens, resserrement de l'action, rôle des objets, montage, tout vise à recréer un autre espace et une autre durée pour mieux rendre compte de cette recherche tragique dans laquelle sont engagés les héros bressonniens : *Le Journal d'un curé de Campagne* (1950), *Pickpocket* (1959), *Le Procès de Jeanne d'Arc* (1962), *Au hasard Balthasar* (1965), *Une femme douce* (1968) *Lancelot* (1973), *Le Diable probablement* (1977), sont les étapes de cette quête.

Agnès Varda

Entre cinq heures et sept heures, Cléo ne sera plus la même (*Cléo de cinq à sept,* 1962) quand l'une chante, l'autre pas (*L'Une chante, l'autre pas,* 1976), quand Mona erre, d'autres racontent (*Sans toit, ni loi,* 1985), quand Agnès V. filme Jane B., c'est la fiction et le documentaire qui se rencontrent (*Jane B. par Agnès V.,* 1986), Agnès Varda restera fidèle à une forme qui, depuis *La Pointe Courte* (1954) oppose continuellement ou rassemble plastiquement ce que le réel sépare... De là surgit la dimension imaginaire de son œuvre.

Louis Malle

Palme d'Or à 24 ans avec *Le Monde du Silence*, cet assistant de Robert Bresson va s'imposer avec deux films : *Ascenseur pour l'échafaud* (1957) et *Les Amants* (1958) avant de remettre en jeu cet acquis dans *Zazie dans le Métro* (1959). Joueur, Louis Malle passe ainsi de la quête rigoureuse du *Feu Follet* (1963) au burlesque de *Viva Maria* (1965), du documentaire (*Calcutta,* 1969) à la comédie de mœurs (*Le Souffle au cœur,* 1971), de la fiction reportage, *Lacombe Lucien* (1974) à la fiction autobiographique (*Au revoir les enfants,* 1987). Sans appuyer, le cinéma de Louis Malle va montrer à une société petite bourgeoise tout ce qu'elle ne veut pas voir : l'adultère, l'inceste, le suicide, le mal de vivre, la collaboration, l'antisémitisme.

Alain Resnais

Alain Resnais construit ses films en architecte et en géomètre : *Hiroshima mon amour* (1958), *L'Année dernière à Marienbad* (1961), dont les scénaristes sont respectivement Marguerite Duras et Alain Robbe-Grillet, ont, par leur construction si particulière, imposé définitivement cette image du cinéaste. *Muriel* (1963), *Providence* (1977), *Stavisky* (1974), *Mon Oncle d'Amérique* (1980), *Mélo* (1985), *L'Amour à mort* (1984) et *Smoking, No Smoking* (1993) sont les puzzles d'un maître d'abord préoccupé de la forme et destinés à mieux explorer et comprendre les mécanismes de notre conscience.

Jacques Demy

Un port, des marins, des femmes fatales, des sentiments, beaucoup de sentiments, des coïncidences incroyables, Rochefort, Cherbourg ou Nantes, *Lola* (1961), *Les Parapluies de Cherbourg* (1964), *Les Demoiselles de Rochefort* (1966), tout dans le cinéma de Jacques Demy fuit le réalisme, les couleurs comme les mouvements de caméra. Et puis les acteurs chantent plutôt qu'ils ne parlent et quand ils parlent, c'est parfois de façon poétique, les passants dansent autant qu'ils marchent, et quand ils marchent ils dessinent toujours des chorégraphies...

À force de tordre le cou à la réalité, d'affirmer son goût pour la romance et le roman-photo, de magnifier les genres, (conte, *Peau d'Âne,* 1971, tragédie, *Une chambre en Ville,* 1982, fable, *Parking,* 1985), Jacques Demy n'a cessé de nous redire que ce qui est fascinant dans le cinéma, c'est le cinéma !

Alain Cavalier

Avec *Le Combat dans l'île* (1961), puis *L'Insoumis* (1964), Alain Cavalier a affirmé sa singularité dès ses deux premiers films ; le combat, l'insoumission seront tout au long de sa carrière à la fois la marque de son attitude et les thèmes les plus constants de son cinéma. Insoumission qui autorisera ce parcours en zig-zag et cette liberté qui lui permettront d'aborder avec rigueur les genres convenus (le « thriller » avec *Mise à sac,* 1967 ; la comédie psychologique avec *La Chamade,* 1968), et de s'aventurer sur les chemins d'un cinéma où le spirituel naît du quotidien avec *Thérèse* (1986), cette autre insoumise et cette autre combattante. *Libera me* (1993), sur ce même thème de l'insoumission et du combat, poursuit cette recherche d'un cinéma rigoureux.

GÉNÉRATION 1970

La Nouvelle Vague institutionalisée, le bouillonnement de 1968 échouant dans un cinéma militant marginal ou expérimental qui ne parvient pas à se transformer en courant, une nouvelle génération de cinéastes va aborder le grand public, en héritier de la Nouvelle Vague et sans craindre de faire référence à ce cinéma des années 1930 ou des années 1950 détesté de leurs devanciers.

C'est **Bertrand Tavernier** qui donne le ton en allant chercher deux scénaristes vedettes des années 1950, Aurenche et Bost pour écrire avec lui ses premiers films : *L'Horloger de Saint-Paul* (1974), *Que la fête commence* (1975), *Coup de Torchon* (1982) ; son goût marqué pour les films de genre (*La Fille de d'Artagnan,* 1994) témoigne aussi d'une nostalgie pour un cinéma plus pimenté et aimant les « numéros d'acteur ». Deux types de films dominent sa filmographie : des films à caractère social ou politique (*Des enfants gâtés,* 1977), *Une semaine de vacances* (1981), *L 627* (1992), *La Guerre sans nom* (1993), *L'Appât* (1995), et des films de comportement ou d'affrontement psychologique : *Le Juge et l'Assassin* (1976), *Un Dimanche à la campagne* (1984), *La Vie et rien d'autre* (1989).

Du cinéma d'hier, **Bertrand Blier** retiendra le goût des mots, de ces dialogues de cinéma qui font qu'on ne parle pas au cinéma comme dans la vie ; il y ajoutera le goût de l'extrême et de l'absurde. *Les Valseuses* (1974) qui révèlent Gérard Depardieu, Patrick Dewaere et Miou Miou donnent le ton : un ton libertaire, que l'on retrouvera dans *Préparez vos mouchoirs* (1978), *Trop belle pour toi* (1989), *Buffet Froid* (1979), *Tenue de soirée* (1986), *Beau Père* (1981), *Merci la vie* (1991).

Avec **Maurice Pialat**, on a affaire à un cocktail de contradictions : refus du confort bourgeois des films de la Nouvelle Vague, mais recherche expérimentale sur la forme, goût pour des univers plus quotidiens, plus réalistes, façon années 1930 ou 1950, mais sans théâtralisation... Pourtant, c'est dans une dramaturgie de l'affrontement que son cinéma trouve son unité : affrontement du couple dans *Nous ne vieillirons pas ensemble* (1972) ou *Loulou* (1979), affrontement du frère et de la sœur dans *À nos amours* (1983) qui révèle Sandrine Bonnaire, affrontement avec la mort qui laisse les autres indifférents dans *La Gueule ouverte* (1974), affrontement parents-enfants dans *L'Enfance nue* (1968), affrontement métaphysique avec *Sous le Soleil de Satan* (1987), affrontement enfin entre l'artiste et la société dans *Van Gogh* (1992).

Claude Miller renoue, lui, avec un romanesque psychologique qui aurait intégré la leçon de François Truffaut : chaque être a son secret qui le rend unique et souvent incompris, cette incompréhension pouvant déboucher sur la folie : *La Meilleure façon de marcher* (1976), *Dites-lui que je l'aime* (1977), *Mortelle Randonnée* (1983), *Garde à vue* (1980), *L'Effrontée* (1985), illustrent chacun cette caractéristique du cinéma de Claude Miller.

Autre adepte d'un romanesque psychologique, **André Téchiné** a lui aussi la nostalgie de cette forme hollywoodienne ou française des années 1950 qui n'exclut pas une certaine théâtralisation. Après une série de films d'abord faits avec des références (il vient des *Cahiers du Cinéma*), *Barocco* (1976), *Souvenirs d'en France* (1974), il trouve la forme juste dans *Hôtel des Amériques* (1981), début d'une collaboration avec Catherine Deneuve qu'il retrouvera dans *Le Lieu du crime* (1986), *Ma saison préférée* (1994). L'ensemble de ses films, y compris *Rendez-vous* (1985) et *J'embrasse pas* (1993), fonctionnent comme des huis-clos psychologiques d'où les personnages ne s'échappent que par une violence soudaine trop longtemps contenue.

Jacques Doillon, avec d'autres moyens, une autre manière, travaille sur cette même matière romanesque et psychologique : le huis-clos, l'affrontement, la violence (réelle ou imaginaire), une manière de filmer au plus près ses personnages : *Les Doigts dans la tête* (1977) et surtout *La Drôlesse* (1979) ont fixé une forme que Doillon déclinera dans *La Femme qui pleure* (1979) ; *La Fille prodigue* (1981) ; *La Pirate* (1984) ; *La Puritaine* (1980) ; *La Fille de quinze ans* (1989) ; *Le Petit criminel* (1990).

L'ÉCOLE DOCUMENTAIRE

Ce sont les recherches et les trouvailles des cinéastes qui se sont intéressés au documentaire qui ont rendu possible esthétique de la Nouvelle Vague.

D'un côté, *Farrebique* (1946) de Georges Rouquier, enregistrement de la vie d'une famille paysanne sans intervention extérieure. De l'autre, *Aubervilliers* (1945) d'Éli Lotar où le commentaire de Jacques Prévert introduit une certaine subjectivité par rapport aux images.

De ces deux expériences vont naître deux tendances : celle, du regard objectif de l'ethnologie avec **Jean Rouch**

Buffet froid
(Jean Carmet,
Gérard Depardieu,
Bernard Blier)

Trois hommes et un couffin
(Roland Giraud, Michel Boujenah, André Dussolier)

Mortelle randonnée
(Isabelle Adjani)

Sans toit ni loi
(Sandrine Bonnaire)

(*Moi, un Noir*, 1958 ; *La Chasse au lion à l'arc*, 1965 ; *Jaguar*, 1967) ; celle de **Chris Marker** qui, avec *Dimanche à Pékin* (1956), *Lettre de Sibérie* (1958) introduit une subjectivité que l'on retrouvera chez Agnès Varda (*Du côté de la Côte*, 1958) Franju (*Hôtel des Invalides*, 1961) ou Resnais (*Chant du Styrène*, 1958).

L'arrivée du direct conduit à une nouvelle forme documentaire, le cinéma vérité, cinéma d'investigation qui traque le réel et ses personnages soit en faisant de la caméra un « œil », soit en lui donnant un rôle actif de provocation.

L'Amérique insolite de **François Reichenbach** (1968), *Le Joli Mai* de Chris Marker (1962), *Les Inconnus de la Terre* de **Mario Rupsoli** (1961) sont les films témoins de cette tendance.

Mai 1968 et le cinéma militant tentent de faire du cinéma direct un instrument de lutte. *Flins* et *Rentrée aux usines Wonder*, réalisés par des collectifs, seront deux exceptions sans lendemain.

C'est **Raymond Depardon** qui va renouveler le rapport au direct en se transformant en homme-caméra, œil et oreille confondus capable d'imposer sa présence partout et d'instaurer un nouveau rapport entre le filmeur et le filmé. *Reporters* (1980), *Fait divers* (1983), *Urgences* (1988) aujourd'hui *Délits flagrants* (1994) inventent ce cinéma du réel, où s'abolissent objectivité et subjectivité, documentaire et fiction.

CHAPITRE 5

LA QUALITÉ FRANÇAISE

En tenant les revues, la critique et les écrans, le cinéma d'auteur s'est imposé comme seule référence : c'est lui qui a donné du cinéma français l'image d'un cinéma intellectuel et... inimitable !

Et pourtant, c'est oublier que c'est le cinéma de studio*, de producteurs, d'acteurs et de metteurs en scène* au service d'une histoire, ce qu'on appelle la qualité française, qui a permis au cinéma français de reconstruire son économie et de rester largement majoritaire sur son marché jusqu'au milieu des années 1980. C'est ce cinéma de qualité qui a donné au cinéma français ses plus gros succès et lui a permis de faire largement jeu égal en France avec le cinéma américain.

UN CINÉMA DE PRODUCTEUR

L'Homme de Rio, Un Homme et une Femme, L'Emmerdeur, pour Alexandre Mnouchkine, *Le Corniaud, La Grande Vadrouille, Le Cercle Rouge* pour Robert Dorfman, *Les Mariés de l'An 2, La Boum, La Gloire de mon père* pour Alain Poiré, *Camille Claudel, Marche à l'ombre* pour Christian Fechner, *Le Charme discret de la Bourgeoisie, Le Passager de la pluie* pour Serge Silberman, *Le Train* ; *Vincent, François, Paul et les autres* pour Raymond Danon, *Cyrano de Bergerac, Tandem, Drôle d'endroit pour une rencontre, La vie et rien d'autre,* pour René Cleitman, *Tess, L'Ours, La Reine Margot, Tchao Pantin* pour Claude Berri, *Le Choix des armes, Hôtel des Amériques* pour Alain Sarde, *Chocolat, Une affaire de femmes, Rouge* pour Martin Karmitz, témoignent d'une très grande diversité de la production française : diversité des genres (comédie, film d'aventures, drame psychologique, film policier, comédie dramatique, film historique) ; diversité des metteurs en scène, – depuis les talents confirmés (R. Clément, J.-P. Melville, Y. Robert) à ceux de débutants talentueux (C. Lelouch, M. Blanc, J.-P. Rappeneau), en passant par les solides professionnels (P. de Broca, C. Sautet, P. Granier-Deferre) ; diversité des générations d'acteurs (Isabelle Adjani, Gérard Depardieu, Sophie Marceau, Michel Blanc, mais aussi Michel Piccoli, Jean-Louis Trintignant, Romy Schneider, Yves Montand et bien sûr Louis De Funès et Bourvil). Attention à l'écriture des scénarios, attachement au renouvellement des talents, liberté dans l'approche des genres, vrai sens du spectacle ont permis à la production française de rencontrer avec succès les attentes de son public, de faire jeu égal avec les productions étrangères jusqu'en 1985, et de connaître quelques beaux succès internationaux.

Un cinéma de scénariste

Truffaut, dans un article très célèbre de la revue *Arts,* avait dénoncé ce cinéma de scénariste* et de dialoguiste* personnifié par Aurenche, Bost, Spaack, Jeanson à qui l'on devait quelques-unes des répliques* les plus célèbres, des adaptations* les plus réussies *(Le Diable au corps)* ou quelques-uns des scénarios les plus courageux *(La Traversée de Paris)*.

Il faut attendre le début des années 1970 pour que les scénaristes retrouvent la place qui leur revient. Bertrand Tavernier va chercher Aurenche et Bost pour travailler à l'adaptation de *L'Horloger de Saint-Paul* d'après Simenon.

Michel Audiard est le scénariste vedettes des années 1960 : Gabin lui doit ses plus belles colères *(Les Grandes familles)*, Belmondo *(Un Singe en hiver)* et Delon *(Mélodie*

Les Mariés de l'An 2
(Marlène Jobert, Jean-Paul Belmondo)

en sous-sol), chacun l'un de leurs meilleurs films, et Georges Lautner un film culte* *(Les Tontons flingueurs)* ; Claude Miller, en lui demandant le scénario de *Garde à Vue*, lui assure la reconnaissance de la génération 1970.

Les années 1970 sont les années Dabadie. En dix ans, Jean-Loup Dabadie a collaboré à *La Gifle, Un éléphant ça trompe énormément, Vincent, François Paul et les autres, César et Rosalie, Nous irons tous au Paradis, Le Sauvage, Le Silencieux, Violette et François, Courage fuyons, Salut l'Artiste,* il a écrit une véritable « comédie humaine » avec ses sentiments en retard sur les mœurs, ses adolescents sans repères, ses quadragénaires mal à l'aise dans une société trop libérale et mal préparés à la société post-industrielle qui vient.

Aux côtés de Jean-Loup Dabadie, Pascal Jardin (avec Granier-Deferre), Daniel Boulanger (avec Philippe de Broca), Jorge Semprun (avec Costa-Gavras), Danièle Thompson (avec Gérard Oury) signent les films socio-psychologiques, comiques, policiers ou politiques que le public plébiscitera tout au long de la décennie.

Les années 1980 voient le triomphe des films à grand spectacle. Gérard Brach, après le succès de *Tess*, écrit les scénarios des grosses productions à succès : *La Guerre du feu, Au nom de la rose, L'Ours, L'Amant, Germinal, Jean de Florette* et *Manon des Sources*.

À Francis Weber sont confiées les comédies spectacles, celles du tandem Gérard Depardieu/Pierre Richard, celles d'Yves Robert *(Le Grand Blond...)*, d'Edouard Molinaro *(La Cage aux folles)*. Le comique issu du « Café théâtre » impose un nouveau ton plus méchant : Patrice Leconte, Michel Blanc, Gérard Jugnot, Josyane Balasko, Gérard Lauzier en sont les auteurs. Quant à Jean-Claude Carrière, il démontre son éclectisme passant de Buñuel à Wajda, de Cyrano à Giono *(Le Hussard sur le toit)* et à Proust *(Un amour de Swann)*.

Jacques Fieschi (Sautet, Téchiné), Jean Cosmos (Tavernier), Alain Le Henri (Wargnier, Kurys), Jérôme Tonnerre (Lelouch, De Broca, Yves Robert), Jacques Audiard (Miller, Balasko, Niermans) s'attachent à proposer un cinéma adulte et populaire qui mêle itinéraires individuels, complexité psychologique, préoccupations sociales et réflexions historiques. Les écrivains, très sollicités dans les années 1950, font à nouveau équipe avec les metteurs en scène de cinéma : Pascal Quignard écrit *Tous les matins du monde, L'Occupation américaine,* Jean-Marc Roberts *Une étrange affaire,* Éric Orsenna et Louis Gardel participent à l'écriture de *Indochine,* Patrick Modiano signe *Lacombe Lucien,* Georges Conchon adapte *L'État Sauvage* et écrit *Le Sucre* et *Judith Therpauve*.

Un cinéma de professionnel

François Truffaut avait condamné le professionnalisme au nom du cinéma d'auteur. Cette condamnation aura pour conséquence de ne pas donner la place qui leur revient au cinéma de professionnels qui savent raconter une histoire, la mettre en scène efficacement et la faire interpréter avec conviction par les comédiens qu'ils ont choisis.

Cette condamnation aura pour conséquence immédiate de précipiter la fin de carrière de cinéastes qui l'avaient commencée avant ou pendant la Seconde Guerre mondiale : Claude Autant-Lara (*En cas de Malheur*, 1958 ; *La Jument verte*, 1959 ; *Le Journal d'une femme en blanc*, 1961), Henri-Georges Clouzot (*La Vérité*, 1960 ; *La Prisonnière*, 1967), Jean Delannoy (*La Princesse de Clèves*, 1962), Jean-Paul Le Chanois (*Les Misérables*, 1958), Alex Joffé (*Fortunat*, 1960 ; *Les Culottes rouges* (1962) ; *Les Cracks*, 1968), Julien Duvivier (*Diaboliquement vôtre*, 1967), Jean Dréville (*La Fayette*, 1960), Christian Jaque (*Babette s'en va-t-en guerre*, 1960 ; *Le Repas des fauves*, 1964), Gilles Grangier (*Archimède le Clochard*, 1958 ; *Les Vieux de la vieille*, 1960 ; *Maigret voit rouge*, 1963), Denys de La Patellière (*Les Grandes familles*, 1958 ; *Un Taxi pour Tobrouk*, 1960 ; *Le Tonnerre de Dieu*, 1965 ; *Le Tatoué* (1968) signeront cependant quelques-uns des plus gros succès du cinéma de cette période.

Mais la dénonciation de Truffaut aura eu le mérite de permettre l'épanouissement rapide de toute une génération de metteurs en scène, et le programme esthétique de la Nouvelle Vague aura permis de renouveler la manière de filmer, et d'introduire légèreté et mobilité.

Un cinéma virtuose

René Clément, Roger Vadim, Claude Lelouch sont tous trois, chacun à leur manière, des virtuoses.

Qu'il restitue l'atmosphère étouffante du roman de Marguerite Duras, *Barrage contre le Pacifique* (1958), celle ambiguë des romans de Patricia Highsmith (*Plein Soleil*, 1960) ou de Day Keene (*Les Félins*, 1963), l'onirisme du *Passager de la Pluie* (1969) ou de *La Course du Lièvre à travers champs* (1971), la mise en scène de **René Clément** se distingue par sa netteté et sa recherche visuelle.

Quant à **Roger Vadim,** il impose avec *Et Dieu créa la femme* (1956), un film délibérément contemporain, une liberté de filmer, en même temps qu'il crée le mythe de BB. Avec sa blouse qui lui colle à la peau, ses T-Shirts, ses pieds nus, sa chevelure faussement décoiffée, sa façon de parler, Brigitte Bardot déshabille la beauté, affiche sa jeunesse et fait vieillir (Marylin Monroe exceptée) l'ensemble de la représentation des femmes au cinéma.

On retrouve cette rapidité de la mise en scène, ce sens du cadrage* dans ses films les plus achevés : *Le Repos du Guerrier* (1962) où il raconte comment une petite bourgeoise devient une femme de désir, *La Ronde* (1964), *La Curée* (1966), *La Jeune fille assassinée* (1974).

Claude Lelouch, dix ans plus tard, imposera avec *Un Homme et une femme* (1966) une autre manière de filmer. Sa caméra sur l'épaule, façon direct de télévision, impose un style plus naturel, tout en mouvement, et une grande proximité avec les personnages ; Lelouch crée ainsi un rapport de complicité, d'intimité que l'on retrouve dans *Le Voyou* (1970) ; *La Bonne Année* (1973), *Si c'était à refaire* (1976), *Le Chat et la Souris* (1975), *Tout ça pour ça* (1993).

Un reflet de la société

« Témoin essentiel et permanent », le cinéma reflète les problèmes autant que les changements de la société. Les cinéastes qui ont placé la description de ces changements et de ces problèmes au cœur de la fiction ont choisi l'accumulation de personnages, de détails destinés à mieux rendre compte d'une vérité sociale.

Claude Sautet reste ainsi le meilleur observateur de cette société de cadres moyens ou supérieurs qui ont fréquenté ses films pendant une décennie : *Les Choses de la vie* (1969), *Vincent, François, Paul et les autres* (1975), *Mado* (1976), *Une Histoire simple* (1978) marquent le passage du bien-être social du début des années 1970 avec ses complicités de restaurant et de week-end à l'inquiétude de la fin de la décennie due à la montée du chômage qui impose d'autres comportements pouvant aller jusqu'au suicide. Ses films de la fin des années 1980 se concentrent sur des êtres mal à l'aise ou blessés qui cherchent des solutions individuelles : *Quelques jours avec moi* (1990) et *Un Cœur en hiver* (1992) sont de cette veine-là.

Face à une société bloquée, les personnages de **Francis Girod** n'ont d'issue que dans une espèce d'anarchisme social : *Le Trio Infernal* (1974), *L'État sauvage* (1978), *La Banquière* (1980), *Le Grand Frère* (1982), *Le Bon Plaisir* (1983), *Lacenaire* (1990).

Attentif au contexte historique, politique ou social, les films de **Pierre Granier-Deferre** sont d'abord des face-à-face qui rapprochent ou enferment des êtres que tout sépare, qui créent des complicités autour de secrets inavouables et s'achèvent bien souvent dans l'échec d'une rencontre impossible : Signoret/Gabin (*Le Chat*, 1971), Trintignant/Schneider (*Le Train*, 1973), Ventura/Dewaere (*Adieu Poulet*, 1976), Schneider/Lanoux (*Une Femme à sa fenêtre*, 1977), Piccoli/Lanvin (*Une étrange affaire*, 1981), Noiret/Signoret (*L'Étoile du Nord*, 1982) sont les couples de ce cinéma de l'échec.

Antisémitisme pendant la guerre (*Le Vieil Homme et l'enfant*, 1966), antimilitarisme (*Le Pistonné*, 1969), dénonciation du commerce du sexe (*Sex Shop*, 1972), dénonciation de la collaboration en 1939-1945 (*Uranus,* 1991), violence sociale (*Germinal,* 1993), **Claude Berri,** alternant le mode tendre et intimiste, la chronique, le pamphlet ou la fresque, s'intéresse à tout ce que la mémoire française n'aime pas évoquer.

Si **Coline Serreau** a choisi la comédie, c'est comme un mode d'expression qui lui permet d'aborder des sujets à fort impact social : rôle social et image des hommes et des femmes dans *Pourquoi pas !* (1981), échange des rôles père/mère dans *Trois hommes et un couffin* (1985), différences raciales dans *Romuald et Juliette* (1989), chômage dans *La Crise* (1993).

Quant à **René Féret** (*La Communion solennelle,* 1977 ; *Baptême,* 1990), il filme un monde du travail et du petit commerce en train de disparaître et qui cherche, au-delà de la crise, à conserver ses valeurs et sa culture.

Avec **Jean-Claude Brisseau,** la banlieue devient une scène tragique sur laquelle se nouent et se dénouent, dans la violence, les destins d'adolescents, d'adultes en voie de marginalisation : *Un jeu brutal* (1983), *De Bruit et de Fureur* (1986), *Noce Blanche* (1989), mettent en scène ces univers hostiles.

De la désillusion et de la dénonciation sociales issues de mai 1968 sortiront toute une série de films parmi lesquels on retiendra ceux de Jacques Fansten (*Le Petit Marcel,* 1978 ; *Les Lendemains qui chantent,* 1985 ; *États d'âme,* 1989), Bernard Paul (*Le Temps de Vivre,* 1968 ; *Dernière sortie avant Roissy,* 1976), Marin Karmitz (*Camarades,* 1969), Philippe Condroyer (*La Coupe à dix francs,* 1973), Claude Faraldo (*Bof,* 1971 ; *Themroc,* 1972 ; *Deux Lions au soleil,* 1986), René Allio (*Pierre et Paul,* 1969), Jean-Daniel Simon (*Il pleut toujours où c'est mouillé,* 1974).

Tous ces films font découvrir un cinéma attentif au réel où la fable sert de cadre à la fiction ; elles contredisent l'image d'un cinéma enfermé dans le psychologisme et les états d'âme petit bourgeois.

Un cinéma de dénonciation

André Cayatte, ancien avocat, et son scénariste Charles Spaak, avaient donné le ton au milieu des années 1950 avec *Nous sommes tous des Assassins* (1952) ; sur le modèle du film à thèse, il réalise *Le Passage du Rhin* (1959) sur les chances inégales de réinsertion sociale après la guerre d'un intellectuel et d'un ouvrier ; *Le Glaive et la Balance* (1963), sur la fragilité des preuves et des témoignages dans une enquête judiciaire, et son plus grand succès, *Mourir d'aimer* (1970), sur les rapports entre justice, individu et société.

Mais c'est **Costa-Gavras** (*Z*, 1969 ; *L'Aveu,* 1970 ; *État de siège,* 1973 ; *Section Spéciale,* 1975) qui va établir un modèle de fiction politique empruntant ses lois aux genres établis (« thriller », enquête) et soutenu par de grandes vedettes (Yves Montand, Jean-Louis Trintignant, Simone Signoret, Jack Lemmon, etc.) ; il s'attaque ainsi successivement au fascisme, au communisme, à l'impérialisme et à l'antisémitisme.

Yves Boisset est lui aussi un spécialiste du cinéma de dénonciation au nom des grands principes. Chaque film est centré sur une question : *L'Attentat* (1972) sur le crime politique, *Dupont-la-Joie* (1974) sur la montée du racisme ordinaire, *Le Juge Fayard* (1976) sur l'assassinat d'un juge, *Un Condé* (1963) et *La Femme-flic* (1980) sur les méthodes policières. Tous ces films sont construits sur des portraits de personnages représentatifs de ce que le metteur en scène entend dénoncer.

Jacques Rouffio (*L'Horizon,* 1967 ; *Sept morts sur ordonnance,* 1975 ; *Le Sucre,* 1979) signe trois films sur la révolte contre un ordre (militaire, médical ou boursier) ;

il le fait en utilisant la forme plus abstraite du fabuliste plutôt que le récit naturaliste du romancier.

Les films de **Michel Drach** sur le racisme (*Élise ou la vraie vie*, 1970), l'erreur judiciaire (*Le Pull-over rouge*, 1979), de Laurent Heyneman sur les courses (*Le Mors aux dents*, 1979), de Christian de Challonge sur les scandales boursiers (*L'Argent des autres*, 1978) illustrent cette capacité du cinéma à utiliser les faits divers pour ce qu'ils sont : un reflet du social.

Il faut ici faire une place à part à **Jean-Pierre Mocky**. Moraliste indigné, anarchiste libertaire, férocement satirique, Mocky enchaîne film sur film depuis trente ans ; il a construit une des œuvres les plus sensibles à tous les changements de la société française, dénonçant sans cesse leurs conséquences. L'urgence qui guide son travail nous laisse des films parfois très aboutis, parfois un peu improvisés, ou mal maîtrisés mais il y a toujours un « ton » Mocky.

La décennie 1960-1970 est celle de la révolte individuelle contre l'état social ; avec la complicité de Bourvil, il réalise trois comédies grinçantes : *Un Drôle de Paroissien* (1963), *La Grande Lessive* (1969) et *L'Étalon* (1970).

Les années 1970 seront les années politiques : *Solo* (1970), *L'Albatros* (1971), *L'Ombre d'une chance* (1974), *Un linceul n'a pas de poche* (1975), *Le Piège à cons* (1979) sont des « thrillers » qui refont l'itinéraire de ceux qui ont cru à la révolution, qui ont choisi par désespoir la violence terroriste, dénoncent la violence des luttes électorales ou la dérision d'une politique parlementaire.

Des années 1980, Mocky retient le dérèglement social, politique et moral : *Le Miraculé* (1986), *Agent trouble* (1987), *Les Saisons du plaisir* (1987), *Une nuit à l'Assemblée nationale* (1988) utilisent l'exagération, le mauvais goût pour rendre compte du désordre du monde.

Le cinéma spectacle

L'Histoire de France étant un réservoir inépuisable, le cinéma spectacle s'est longtemps confondu avec le spectacle historique ou à prétexte historique.

Aux péplums* italo-américains, les producteurs français opposent les films de cape et d'épée* avec les œuvres d'André Hunebelle (*Le Bossu,* 1958 ; *Le Capitan,* 1960 ; *Le Miracle des Loups,* 1961), de Bernard Borderie (*Les Trois Mousquetaires,* 1960 ; *Angélique Marquise des Anges,* 1965) ou de Christian-Jaque (*La Tulipe Noire,* 1969). Sur le modèle du *Jour le plus long* (1960), René Clément réalise *Paris brûle-t-il ?* (1967).

Mais c'est dans le film d'aventures spectaculaires qui mêle humour et action et où font jeu égal des couples de stars (Delon/Ventura, Bourvil/Ventura, Belmondo/Ventura) que des réalisateurs comme Robert Enrico ou Henri Verneuil donneront le meilleur d'eux-mêmes : *Les Grandes Gueules* (1965), *Les Aventuriers* (1967) pour Robert Enrico ; *Mélodie en sous-sol* (1960), *Cent Mille dollars au soleil* (1961), *Le Clan des Siciliens* (1969), *Le Casse* (1971), *Peur sur la ville* (1975) pour Henri Verneuil.

Avec les années 1980, c'est un cinéma à grand spectacle qui se met en place, mobilisant d'énormes moyens financiers : Jean-Jacques Annaud est le spécialiste de ce type de production : *La Guerre du Feu* (1980), *Au nom de la Rose* (1986), *L'Ours* (1988), *L'Amant* (1993) sont réalisés sur le modèle américain, complètement « story-boardés » et destinés à une diffusion internationale.

CHAPITRE 6

DEUX GENRES MAJEURS
1. La comédie

Comédie burlesque, comédie de caractère, comédie d'aventures, comédie psychologique, la comédie est un genre que le cinéma français n'a jamais cessé de fréquenter.

Acteurs-personnages

L'histoire récente de la comédie est marquée par quelques acteurs-types qui reflètent assez bien « l'air du temps ».

Et d'abord **Jacques Tati** : quand *Mon Oncle* sort en 1958, le film constitue la deuxième rencontre avec le personnage de Monsieur Hulot qui, ici, a beaucoup de difficultés à se repérer dans le labyrinthe d'une maison ultra-moderne comme il aura beaucoup de mal à se retrouver dans le labyrinthe de bureaux et de la ville de *Play Time* (1968) ou dans les problèmes de circulation de *Trafic* (1971). C'est que Monsieur Hulot, venu du monde de *Jour de Fête* (1949) et de sa bicyclette folle, conserve le regard nostalgique de celui qui ne se sent pas à sa place dans un monde qui n'a été fait ni par lui, ni pour lui.

Pierre Étaix, assistant de Jacques Tati, essaiera à sa suite d'imposer son personnage de clown triste qui n'ose pas : *Le Soupirant* (1962), *Yoyo* (1964), *Tant qu'on a la santé* (1965), *Le Grand Amour* (1969) restituent ce personnage attachant mais inclassable.

Lorsque **Bourvil** meurt en 1970, quelques semaines avant le général de Gaulle, c'est un choc émotionnel considérable ; pour bon nombre de Français, c'est comme si

La Grande vadrouille
(Claudio Brook, Mike Marshall, Louis de Funès,
Bourvil, Terry Thomas, Andréa Parisi)

une part d'eux-mêmes mourait avec lui : la part d'humanité, de tendresse, de bonhomie de celui qui accueille et subit bonheurs et malheurs avec un mélange de fatalisme et de révolte... *Le Tracassin* (1959), *Fortunat* (1960), *Les Culottes rouges* (1962), *Les Cracks* (1962), *Le Corniaud* (1964), *La Grande vadrouille* (1966) reflètent cette image.

La rencontre avec **Louis de Funès** marque le changement d'époque. Avec de Funès, c'est le triomphe de l'individualisme : escroc *(Le Corniaud)*, chef d'orchestre *(La Grande vadrouille)*, gendarme (dans une série de six films), père de famille *(Oscar)*, directeur d'école *(Les Grandes Vacances)*, chef d'entreprise *(Le Petit Baigneur)*, chaque fois, le personnage cherche à s'imposer par son verbe, son charme, sa ruse, voire sa violence. De Funès aura rassemblé en France 62 millions de spectateurs avec sept des films qui comptent parmi les vingt plus grands succès de l'histoire du cinéma français.

En 1970, **Pierre Richard** impose un nouveau personnage qui traverse le monde sans s'en apercevoir, par distraction. *Le Distrait* (1970), mais surtout *Le Grand Blond avec* une chaussure noire (1972), *Le Retour du Grand Blond* (1974), puis *La Chèvre* (1981) imposent ce personnage peu ambitieux – comptable, employé de bureau, jusqu'à devenir *Le Jouet* (1976) d'un enfant gâté – et toujours maladroit.

La décomposition sociale, idéologique, économique ne permet plus l'incarnation dans un seul type : place aux bandes, aux groupes. L'équipe du café-théâtre, *Le Splendid*, va prendre en charge cet imaginaire-là : Anémone, Michel Blanc, Josyane Balasko, Christian Clavier, Thierry Lhermitte, Gérard Jugnot vont être ce groupe tout à la fois bête et méchant, navré, tout en rondeur, hystérique et charmeur. *Viens chez moi, j'habite chez une copine* (1981), *Le Père Noël est une ordure* (1982), *Papy fait de la résistance* (1983), *Marche à l'ombre* (1984), *Sac de Nœuds* (1985) seront les films témoins de cette période.

LA COMÉDIE BURLESQUE

Robert Dhéry avait donné une belle réussite au genre en 1960 *(La Belle Américaine)* ; mais c'est surtout **Gérard Oury** (*Le Corniaud*, 1964 ; *La Grande Vadrouille*, 1966 ; *La Folie des Grandeurs*, 1971 ; *Les Aventures de Rabbi Jacob*, 1973 ; *L'As des as*, 1982 ; *La Vengeance du serpent à plumes*, 1984 ; *Lévy et Goliath*, 1987) qui va en faire le genre préféré des Français. Il y parvient grâce à une mise au point minutieuse des scénarios (écrits avec Danièle Thompson) qui empruntent souvent leur point de départ à une actualité récente (le terrorisme) ou sociale (l'argent, le racisme...) et à une accumulation des gags ; grâce aussi à des rencontres miraculeuses de comédiens (Bourvil/De Funès) ou à la création de véritables grands caractères de comédie *(Rabbi Jacob)*.

Claude Zidi et la bande des Charlots (*Les Bidasses en folie*, 1971 ; *Les Fous du Stade*, 1972), *Le Grand Bazar*, 1974) viennent concurrencer Gérard Oury sur son terrain préféré, mais en reprenant les recettes du comique troupier* et en exploitant l'esprit de bande. Il retrouve ce style de comédie avec la série des *Sous-Doués* (1981 et 1983). La complicité de Pierre Richard et Jane Birkin (*La Moutarde me monte au nez*, 1974 ; *La Course à l'échalote*, 1975) le conduit à réaliser des comédies plus légères. Deux comédies policières (*Les Ripoux*, 1984 et *Ripoux contre Ripoux*, 1990) lui donnent l'occasion de s'orienter vers la comédie de caractère.

LA COMÉDIE DE CARACTÈRE

Édouard Molinaro, Yves Robert, Jean-Paul Rappeneau sont les trois maîtres du genre.

Édouard Molinaro montre son savoir-faire dans la mise en scène de personnages extrêmes : *Oscar* (1965) avec Louis de Funès, *La Cage aux folles* (1978-1980) avec Michel Serrault, *Une ravissante idiote* (1962) avec Brigitte Bardot.

Yves Robert, quant à lui, oriente son travail dans trois directions : avec Pierre Richard, il crée le personnage distrait du *Grand Blond avec une chaussure noire* (1972) qui aura une suite (1974). Avec le scénariste Jean-Loup Dabadie, il révèle son attention à la fragilité des êtres dans ces portraits de groupe que sont *Un éléphant ça trompe énormément* (1976) et *Nous irons tous au Paradis* (1977) ; l'adaptation de l'autobiographie de Pagnol, *La Gloire de mon père, Le Château de ma mère* (1990) lui donne l'occasion d'une chronique de cette enfance qu'il avait déjà évoquée avec *La Guerre des boutons* (1959) et *Bébert et l'omnibus* (1960).

Pour révéler les caractères, **Jean-Paul Rappeneau** choisit d'accumuler les obstacles entre ses héros ou de conduire l'un à écarter les obstacles qui le séparent de l'autre. *La Vie de Château* (1965) où l'héroïne dissimule son secret dans la cave, *Les Mariés de l'An II* (1971) où le mariage non reconnu des héros est la source de toutes les aventures, *Le Sauvage* (1975) où l'île sert à Yves Montand de camp retranché contre l'envahissante Catherine Deneuve, *Cyrano* (1990) qui devra s'illustrer de toutes les manières pour faire comprendre à Roxane *in extremis* qu'il l'aime.

LA COMÉDIE D'AVENTURE

C'est à **Philippe de Broca** que l'on doit d'avoir donné la plus juste recette du genre : des héros jeunes, des comédiens extrêmement mobiles (Belmondo qu'il retrouvera de nombreuses fois, Françoise Dorléac), l'exotisme (le Brésil), un mélange des situations comiques et des situations d'aventures : cela s'appelle *L'Homme de Rio* (1963) ; et quand Lawrence Kasdan et Steven Spielberg écriront *Indiana Jones* ou quand Michael Douglas fera *À la Poursuite du diamant vert,* ils n'oublieront pas la référence.

Philippe de Broca illustre de nombreuses fois le genre qu'il a créé : *La Poudre d'Escampette* (1971), *Julie pot de colle* (1977), *On a volé la cuisse de Jupiter* (1979), et avec Jean-Paul Belmondo, *Les Tribulations d'un Chinois en Chine* (1965), *L'Incorrigible* (1975), *Le Magnifique* (1978).

Patrice Leconte réussit sur ce modèle *Les Spécialistes* (1985).

Gérard Oury s'essaie lui aussi au genre : *La Carapate* (1978), *Vanille-Fraise* (1989), *La Vengeance du serpent à plumes* (1984), *La Soif de l'Or* (1994) sont de cette veine.

Avec *La Chèvre* (1981), *Les Compères* (1983), *Les Fugitifs* (1987), Francis Veber recrée le tandem du tendre (Pierre Richard) et du violent (Gérard Depardieu), du débrouillard et du héros malgré lui, lancés dans des aventures toujours plus exotiques.

C'est à Jean-Marie Poiré qu'on doit aujourd'hui d'avoir fait exploser le box office du genre : *Les Visiteurs* (1993)

Les Visiteurs
(Christian Clavier, Jean Reno, Anne-Marie Chazel)

reprennent la structure du tandem (maître/valet, grand/petit, colérique/doux) et jouent sur l'anachronisme et sur l'incompréhension culturelle dans le temps.

LA COMÉDIE SATIRIQUE

Nelly Kaplan avec *La Fiancée du pirate* (1969), film quasi bunuélien, avait donné le ton.

C'est dans ce genre que le comédien Jean Yanne et son scénariste Gérard Sire s'illustrent au début des années 1970 : les médias sont la cible de *Tout le monde il est beau, Tout le monde il est gentil* (1972), les syndicats celle de *Moi y'en a vouloir des sous* (1973), le monde du spectacle celle de *Chobizenesse* (1975).

Le Café théâtre du *Splendid* avait déjà donné au cinéma Gérard Depardieu, Patrick Dewaere, Miou Miou et Coluche. En 1978, **Patrice Leconte** débarque avec tout le reste de la troupe et réalise avec *Les Bronzés* une satire féroce des clubs de vacances. Les films qui suivent : *Viens chez moi, j'habite chez une copine* (Leconte 1981), *Papy fait* *de la résistance* (Poiré 1982), *Le Père Noël est une ordure* (Poiré 1983) illustrent un comique qui transpose à l'écran le style bête et méchant *d'Hara Kiri,* magazine satirique né après 1968 ; ce comique a la férocité, l'agressivité, la démesure de certaines bandes dessinées (Patrice Leconte fut dessinateur à *Pilote*) et s'attaque surtout aux préjugés, modes de pensée, modes d'agir de la France des « beaufs » de toutes les époques. Michel Blanc, Gérard Jugnot, Josyane Balasko, Thierry Lhermitte, Dominique Lavanant, Christian Clavier sont les héros de ces films ; certains passent avec succès à la mise en scène : Michel Blanc (*Marche à l'ombre,* 1984 ; *Grosse fatigue,* 1994), Josiane Balasko (*Sac de nœuds,* 1985), Gérard Jugnot (*Pinot Simple flic,* 1984).

C'est à un metteur en scène venu de la publicité, **Étienne Chatilliez,** qu'on doit deux films réjouissants, l'un sur les préjugés sociaux, *La Vie est un long fleuve tranquille* (1988), l'autre sur la tyrannie domestique (*Tatie Danielle,* 1990).

LA COMÉDIE PSYCHOLOGIQUE

Badinage, marivaudage, égarements, le cinéma après le théâtre et le roman, ne pouvait manquer ce rendez-vous avec les égarements du cœur : Michel Deville, Jean-Charles Tacchella, Claude Pinoteau, Diane Kurys, Patrice Leconte ont brillamment illustré le genre.

Sensibilité, légèreté, grâce, l'univers de **Michel Deville** appelle ces qualifications. Les intrigues amoureuses en forme de marivaudage écrites avec Nina Companez, commencées avec *Adorable Menteuse* (1962), connaissent avec *Benjamin* (1968) leur plus gros succès. Fidèle à ce marivaudage, il en donne dans les années 1970 une version plus noire, plus dure, privilégiant le mensonge, la dissimulation et la manipulation (*Le Mouton enragé,* 1974 ;

Eaux profondes, 1981 ; *Péril en la demeure*, 1985 ; *Le Paltoquet*, 1986) illustreront cette tendance. Avec *La Lectrice* (1988), *Nuits d'été en Ville* (1990), il continue son exploration de ce marivaudage mais sous un aspect plus ludique.

Jean-Charles Tacchella s'attache à mettre en scène des groupes : une noce (*Cousin Cousine,* 1975), un immeuble (*Escalier C,* 1985), un groupe de jeunes fous de cinéma (*Travelling avant,* 1987) servent de cadre à un réseau de relations et de destins qui trouvent leur épanouissement de façon souvent surprenante.

Avec **Claude Pinoteau,** on change d'univers : les adolescents et leurs difficiles rapports, entre eux ou avec les adultes, sont le moteur de ces comédies des espoirs et des déceptions amoureuses. *La Gifle* (1974), *La Boum* (1980 et 1982) imposent aussi une nouvelle génération de comédiennes : Isabelle Adjani pour le premier et Sophie Marceau pour le second.

Diane Kurys avait également commencé sa carrière avec des films qui abordaient les rapports des adolescents et les années d'apprentissage mais en jouant avec la nostalgie du souvenir : *Diabolo Menthe* (1977), *Cocktail Molotov* (1981), *La Baule-Les-Pins* (1990) constituent une trilogie du genre. Avec *Coup de foudre* (1983), elle aborde le registre des rapports adultes, creusant l'épaisseur et les secrets de ses personnages ; *Un Homme amoureux* (1987) tentera avec moins de succès de retrouver cette épaisseur.

Patrice Leconte, venu de la comédie satirique et de la comédie d'aventure, aborde avec bonheur le genre : *Tandem* (1987), *Le Mari de la Coiffeuse* (1990), *Le Parfum d'Yvonne* (1994) jouent avec les obsessions des personnages qui sont aussi leurs secrets : solitude, passion silencieuse, désir de fuite...

Le « nouveau naturel »

Justesse de ton, fraîcheur des personnages, décontraction, humour léger, dérision, dialogues dits comme des improvisations, multiplication et rapidité des scènes qui donnent l'impression d'un cinéma de la vie, goût pour le quotidien, ancrage dans la réalité politique et sociale, c'est à partir de cet ensemble d'éléments que *Télérama* a proposé le qualificatif de « nouveau naturel ».

Maurice Dugowson (*Lili aime-moi,* 1974 ; *F. comme Fairbanks,* 1976 ; *Au revoir... à lundi,* 1978) accumule dans ces comédies les références à la situation économique et raciale, en même temps qu'il met en scène des personnages pour qui tout va trop vite et qui s'épuisent à rattraper leur époque.

Pascal Thomas met en scène les problèmes des élèves de lycée (*Les Zozos,* 1972), des adolescents (*Pleure pas la bouche pleine,* 1973) ou de la famille (*Le Chaud Lapin,* 1974), tout l'univers un peu « beauf » de l'époque dont il accentue la caricature.

Les Doigts dans la tête (1974) de **Jacques Doillon,** *Smic, Smac, Smoc* (1971) et *Un Mariage* (1973) de Claude Lelouch, *À nous les petites Anglaises* (1975) de Michel Lang ont été identifiés à ce courant qui n'a pas duré.

DEUX GENRES MAJEURS
2. Le policier

Tout change en 1954 dans l'univers du film policier français avec Touchez pas au Grisbi *de Jacques Becker à qui l'on doit aussi* Le Trou *(1959) : désormais, les personnages remplacent les atmosphères... le film « noir » américain est, entre temps, passé par là...*

JEAN-PIERRE MELVILLE : L'AMBITION TRAGIQUE

Jean-Pierre Melville qui se réfère au modèle du film noir américain lui donne une rigueur qu'il poussera dans ses derniers films jusqu'à l'abstraction. Ses films mettent ainsi en place plus une géométrie qu'une psychologie des rapports entre les personnages. La citation de Bouddha placée au début du *Cercle Rouge* (1970) l'illustre à sa manière : « *Quand les hommes, même s'ils s'ignorent, doivent se rencontrer un jour, tout peut arriver à chacun d'entre eux, et ils pourront suivre des chemins divergents, au jour dit, inexorablement, ils seront réunis dans le cercle rouge* ».

Le Doulos (1963), *Le Deuxième Souffle* (1966), *Le Samouraï* (1967), long poème silencieux, et bien sûr *Le Cercle Rouge* (1970), inexorable machine à tuer, marquent cette ambition d'élever ce genre au niveau de la tragédie.

Grand Technicien, Melville met l'image au service de son ambition tragique ; il travaille notamment la couleur. Il y a un bleu melvillien, bleu comme la mort, bleu comme la nuit, bleu comme la solitude, le mystère, l'imprévisible, l'inéluctable. Le thème de la trahison toujours présent, central dans *Un Flic* (1972), l'intériorisation des conflits favorisent cette élévation du genre.

LA MANIÈRE AMÉRICAINE

Ce qui distingue **Jacques Deray,** c'est le choix d'intrigues resserrées sur les personnages et leurs rapports. Les films de Jacques Deray s'organisent soit autour de personnages en fuite (*Par un beau matin d'été,* 1964), soit sous forme de huis-clos, que ces huis-clos soient l'espace d'une villa (*La Piscine,* 1969) ou d'une ville (*Un homme est mort,* 1972 ; *Un papillon sur l'épaule,* 1978). De la longue collaboration avec Alain Delon où la vedette alterne les rôles de flic ou voyou, on retiendra *Borsalino* (1970) et *Flic Story* (1975).

Avec **José Giovanni** qui fut l'un des scénaristes les plus productifs du cinéma policier français (*Le Trou, Classe tous risques, Un nommé La Rocca, Les Grandes Gueules, Les Aventuriers* ont été adaptés à partir de ses romans), c'est la solitude des personnages dans un monde hostile qui domine : *La Loi du Survivant* (1967), *Le Rapace* (1969), *Dernier Domicile connu* (1970), *Où est passé Tom ?* (1971) illustrent cette manière-là. Ses films se chargent ensuite de préoccupations sociales ou politiques : *Deux Hommes dans la ville* (1973), *Une robe noire pour un tueur* (1980), *Mon ami le traitre* (1988).

Chez **Alain Corneau,** les protagonistes sont pris dans des engrenages qui finissent par les emporter. Ils sont souvent victimes des mécanismes qu'ils ont eux-mêmes mis en place. *Police Python 357* (1976), *La Menace* (1977), *Série Noire* (1979), *Le Choix des armes* (1981) bénéficient de mises en scène nerveuses et souvent spectaculaires ancrées dans des espaces qui participent aussi à la dramatisation.

SÉRIES ET PARODIES

Trois héros vont dominer les séries policières : *Maigret, Lemmy Caution* et *OSS 117.* Jean Gabin prête à Maigret son talent (*Maigret tend un piège,* 1957 ; *L'Affaire Saint-Fiacre,* 1959 ; *Maigret voit rouge,* 1963). Lemmy Caution, d'après les romans de Peter Cheyney, est incarné par Eddie Constantine qui en fait un amateur de whisky, de jolies filles et de coups de poing ; *La Môme vert de gris* en 1953 ouvre une longue série qui s'achève chez Godard avec *Alphaville* (1965), dernière aventure du héros.

OSS 117, d'après les romans de Jean Bruce, est la réponse française au phénomène James Bond. André Hunnebelle, spécialiste de films d'action, assure la mise en scène de trois épisodes d'une série qui ne trouvera jamais de vrai visage à son héros !

Mais c'est dans la parodie du genre que les cinéastes français donnent le meilleur d'eux-mêmes.

À la complicité de Michel Audiard et de Georges Lautner, on doit un film-culte, *Les Tontons Flingueurs* (1963) ; Georges Lautner crée, lui, un anti-James Bond, gentleman un peu british incarné par Paul Meurisse, *Le Monocle,* qui connaîtra trois aventures.

Enfin, Michel Audiard, metteur en scène, scénariste et dialoguiste, laisse avec trois films parodiques, trois expressions qui sont passées dans le langage commun : *Faut pas prendre les enfants du bon Dieu pour des canards sauvages* (1968), *Elle boit pas, elle fume pas, elle drague pas, mais... elle cause* (1971) et *Comment réussir dans la vie quand on est con et pleurnichard* (1974).

CHAPITRE 7

LA LITTÉRATURE AU CINÉMA

AUX SOURCES DU SCÉNARIO

Depuis 1958, le cinéma français a eu un rapport tout à fait particulier avec la littérature. Quand la Nouvelle Vague a recours à la littérature, elle va chercher dans des romans qui laissent davantage de liberté à l'imaginaire et elle condamne pour cause d'académisme, de performance d'acteur, de cinéma de studio, l'adaptation des classiques.

Après 1968, le cinéma rejoint la vie, il met alors en scène des personnages (cadres, hommes d'affaire, self made man, femmes d'action, médecins, journalistes) qui sont les héros de l'aventure économique et sociale du moment. C'est parce que la littérature n'est pas la vie qu'on la rejette durant toutes ces années-là.

C'est au milieu des années 1980, lorsque la télévision aura repris tous ces personnages sociaux dans les feuilletons et téléfilms, que va s'opérer un retour vers la littérature. Il est motivé par la nécessité pour le cinéma de répondre à la concurrence de la télévision par le spectacle. Mais il l'est aussi par un goût nouveau des cinéastes pour le romanesque. L'ambition du spectacle passe par la présentation de héros populaires que les spectateurs auront plaisir à voir incarner par de grands acteurs.

PERSONNAGES ET ACTEURS

Les grands comédiens comme leurs aînés retrouvent donc le goût d'incarner des personnages romanesques :

le triomphe de Gérard Depardieu dans le rôle de *Cyrano* et aujourd'hui, son succès dans celui du *Colonel Chabert* (d'après Balzac) a précédé ou suivi celui d'Isabelle Huppert dans *Madame Bovary,* d'Isabelle Adjani dans *La Reine Margot,* d'Alain Delon en Charlus dans *Un amour de Swann.*

RETOUR AU ROMANESQUE POPULAIRE

Le retour à Pagnol, auteur de films très populaires dans les années 1930-1950, assure au cinéma français quatre grands succès populaires : deux sont dûs à Claude Berri, *Jean de Florette* et *Manon des Sources* (1986), et deux à Yves Robert, *La Gloire de mon père* et *Le Château de ma mère* (1984) ; Berri offre à Gérard Depardieu et Yves Montand deux grands rôles et un affrontement d'acteurs comme au bon vieux temps, en même temps qu'il révèle deux acteurs qui, depuis, sont devenus de grandes vedettes : Emmanuelle Béart et Daniel Auteuil.

Retrouvant le chemin de Zola, oublié depuis *Gervaise* et *Thérèse Raquin,* Claude Berri réalise *Germinal* qui se présente comme la réponse artistique française à la concurrence américaine : un classique populaire, un sujet universel et plusieurs générations d'acteurs : les anciens, Jean Carmet ; la génération 70, Depardieu, Miou-Miou ; Renaud pour la génération 80 et Judith Henry pour la génération 90.

La réalisation en cours du *Hussard sur le toit* d'après Jean Giono (lui aussi beaucoup adapté dans les années 1940-50), par Jean-Paul Rappeneau *(Cyrano),* les projets à l'étude pour une nouvelle version du *Comte de Monte Cristo* (Dumas), de *L'Homme qui rit* (Hugo), illustrent ce retour à un cinéma romanesque populaire.

L'Année dernière à Marienbad
(Delphine Seyrig, Giorgio Albertazzi)

DES ÉCRIVAINS CINÉASTES

Deux écrivains ont cherché à trouver un équivalent visuel à leurs recherches formelles à l'écrit : Marguerite Duras et Alain Robbe-Grillet.

Scénariste, **Marguerite Duras** a écrit pour Alain Resnais *Hiroshima mon amour* (1958), pour Henri Colpi *Une aussi longue absence* (1960), adapté *Moderato cantabile* pour Richard Brook. Elle passe à la mise en scène en 1967 avec *La Musica*, puis *Détruire dit-elle* (1970) et *Nathalie Granger* (1972). Elle s'intéresse alors à la capacité du cinéma à restituer la dimension intérieure de ses récits. Avec *India Song* (1975), *Son Nom de Venise dans Calcutta désert* (1976), *Le Camion* (1977), c'est le langage cinématographique, le rapport des sons et des images, les pièges du réalisme qui sont au centre de ses préoccupations artistiques : *India Song* et *Son Nom de Venise...* décalent le texte lu et les images pour laisser davantage de place à l'imaginaire du spectateur ; *Le Camion* réduit l'image à un face à face entre l'auteur et l'acteur et donne la première place au texte : au spectateur de construire l'image... *L'Homme Atlantique* (1981) va plus loin encore, jusqu'à l'écran noir : comme si Marguerite Duras n'avait confiance en définitive que dans les mots...

Alain Robbe-Grillet à qui l'on doit le scénario de *L'Année dernière à Marienbad* passe à la mise en scène en 1963. *L'Immortelle* puis *Trans Europ Express* (1966), *L'Eden et après* (1971), *Glissements progressifs du plaisir* (1974), *La Belle Captive* (1983) illustrent les préoccupations narratives de l'écrivain, son goût pour le dédoublement des personnages, les labyrinthes et toute une théâtralité que vient souligner l'artifice des situations érotiques et le recours continu aux clichés. Son goût du jeu et son humour le conduisent à créer des combinaisons d'images qu'il appartient au spectateur de décoder.

DES CINÉASTES LITTÉRAIRES...

Raoul Ruiz, va conduire toute une série de recherches formelles qui héritent d'Alain Resnais, de l'écrivain Pierre Klossovsky et qui annoncent Peter Greenaway : *L'Hypothèse du tableau volé* (1977), *Les trois couronnes du matelot* (1982), *La Ville des pirates* (1983), sont un mélange de références littéraires, esthétiques tant sud-américaines que françaises ; ses récits mêlent conte et rêve, vrai et faux.

Eduardo de Grégorio (scénariste de Bertolucci et de Rivette) avec *Sérail* (1976), *La Mémoire courte* (1979), *Aspern* (1982) et *Corps perdus* (1990) se distingue par son goût pour les atmosphères fantastiques et pour les structures narratives toujours changeantes.

Philippe Garrel avec *L'enfant secret* (1983), *Liberté la nuit* (1984), *Naissance de l'amour* (1993), cherche à établir un lien entre la matière contemplative de son cinéma des années 1968 et un ancrage douloureux dans la réalité devant laquelle ses personnages, toujours en difficulté, hésitent entre désir et renoncement, douleur et plaisir.

CHAPITRE 8

QUAND LE CINÉMA ÉCRIT L'HISTOIRE

Deux phénomènes ont affecté les rapports du cinéma et de l'Histoire : la disparition des biographies de personnages célèbres accompagnées de numéro d'acteur (reprises aujourd'hui par la télévision) et le développement d'un point de vue plus critique touchant souvent les zones d'ombre de la mémoire nationale.

LA FIN DE L'ÉPOPÉE

Après le choc de la défaite de 1940, et la reconstruction qui suit la Libération de 1945, le cinéma a participé à sa manière à cet effort de redressement en multipliant les productions exaltant le génie national : *Si Versailles m'était conté* de Sacha Guitry illustraient parfaitement cette volonté.

Après 1958, le genre se fait rare : au retour du général de Gaulle au pouvoir ne sont associés que quatre films : *Austerlitz* (1960) d'Abel Gance, célébration d'une armée victorieuse parce qu'elle a, à sa tête, un grand général, *Paris brûle-t-il ?* (1967), autre célébration, cette fois, de l'épopée gaulliste de la Résistance et de la libération de Paris par elle-même, *La Fayette* (1961), rappel de l'amitié franco-américaine, et *Normandie-Niemen* (1959), autre rappel, cette fois, des liens entre la France et l'Union soviétique.

L'arrivée au pouvoir de François Mitterrand ne suscitera que le *Danton* (1982) de Wajda, film critique et décalé par rapport à l'enthousiasme du moment : il parle de violence là où l'on attendait une célébration de l'esprit de 1789.

Lieux de mémoire

Finie donc l'histoire des grands hommes et des victoires militaires qui hantent et glorifient la mémoire nationale ; le cinéma à partir des années 1960 va s'attacher à la soumettre à un point de vue critique.

Quand il va s'intéresser à des personnages historiques, ce sont souvent à des marginaux révélateurs d'une société en crise : l'antiparlementarisme des années 1930 et *Stavisky* (1974) d'Alain Resnais, la spéculation boursière, l'affairisme des années 1930 dans *La Banquière* (1980) de Francis Girod, une affaire criminelle exemplaire de ces mêmes années 1930, *Violette Nozières* (1978) de Claude Chabrol.

Mais ce qui caractérise le rapport du cinéma à l'Histoire, c'est son intérêt marqué pour les périodes difficiles de la mémoire nationale : fiction ou documentaire, le cinéma s'intéresse donc à la défaite de 1940, à la collaboration, à l'Indochine et à la guerre d'Algérie.

Dans *Week-end à Zuydcote* (1964) inspiré du roman de Robert Merle, Henri Verneuil raconte la défaite de 1940 vécue au quotidien par des hommes de troupe laissés sans ordres, abandonnés à eux-mêmes, piégés sur les plages de Dunkerque.

La collaboration et le régime de Vichy sont plus particulièrement objets d'interrogation : fascination de l'ordre nouveau dans *Lacombe Lucien* (1973) de Louis Malle à travers le parcours d'un jeune paysan du Sud-Ouest ; antisémitisme et rafle du Vel-d'Hiv dans *Les Guichets du Louvre* (1974) de Michel Mitrani ; chasse aux émigrés et aux étrangers dans *L'Affiche Rouge* (1976) de Frank Cassenti qui retrace d'une manière théâtrale le procès du groupe Manouchian[1] condamné à mort par le régime de Vichy

---

1. Manouchian : nom du chef d'un groupe de résistants fusillé par les Allemands en 1944.

et dans *La Brigade* (1974) de René Gilson qui raconte l'exécution d'un juif polonais chef d'une brigade internationale de résistants.

Le film documentaire propose sur la période quatre films majeurs : *Le Chagrin et la Pitié* (1971) de Marcel Ophüls se présente comme la chronique d'une ville française ordinaire, Clermont-Ferrand, sous l'Occupation, « interrogation de la mémoire collective et confrontation des mémoires individuelles ». *Hôtel Terminus* (1988), est une enquête sur Klaus Barbie à partir d'entretiens et une tentative de reconstruction par la mémoire d'un homme et d'une époque.

Dans *La Prise du pouvoir* par Philippe Pétain, Jean Chérasse (1979) s'attache à montrer comment le régime de Vichy n'est pas né des hasards de la défaite mais de la volonté raisonnée de son chef et d'une lente construction commencée au lendemain de la guerre de 1914-1918.

Enfin, *Hôtel du Parc* (1991) de Pierre Beuchot, mi-fiction mi-documentaire, fait le récit de la vie politique à Vichy à partir d'entretiens rejoués.

Autre refoulement : la guerre d'Indochine et la défaite qui l'achève : Pierre Schœndœrffer reviendra deux fois sur le sujet : dans *La 317e Section,* il évoque la fuite d'une unité laissée à elle-même, sans illusion, dans la jungle, et dans *Diên-Biên-Phu* (1993), il tente d'identifier les raisons d'une défaite.

Il faudra attendre 1970 pour que, à propos de l'Algérie, on parle pour la première fois ouvertement de « guerre » et non plus d'« événements » : c'est au film de montage de Yves Courrière et Philippe Monnier qui porte ce titre, *La Guerre d'Algérie,* qu'on le doit.

Bertrand Tavernier, en 1993, travaillant à la manière d'Ophüls sur la mémoire individuelle, parlera de *Guerre sans nom* et évoquera le retentissement de cette guerre sur des jeunes, envoyés faire leur service militaire en Algérie et qui, jusqu'à ce jour, n'ont jamais osé l'évoquer : mémoire honteuse, mémoire douloureuse...

René Vautier, avec *Avoir vingt ans dans les Aurès* (1972), filme lui aussi ces jeunes gens, mais dans une fiction où ils sont confrontés à la violence, au militarisme, au colonialisme et à la désertion.

Yves Boisset reprend ce même thème dans *R.A.S.* (1973) en jouant davantage sur la psychologie des affrontements.

Quant aux Français d'Algérie, ceux qu'on appelle Pieds-Noirs, ils devront attendre *Le Coup de Sirocco* (1978) d'Alexandre Arcady, chronique du retour des Pieds-Noirs puis le film de Brigitte Rouan, *Outremer* (1990) qui croise la destinée de trois sœurs pour que leur attachement à l'Algérie française soit enfin évoqué.

Dernier sujet, l'intolérance religieuse et politique : *Les Camisards* (1970) de René Allio, sur les poursuites militaires dont furent victimes les protestants des Cévennes, après la révocation de l'Édit de Nantes (1685), sont une dénonciation de cette intolérance.

---

1. Pieds-Noir : Français nés en Algérie.

CHAPITRE 9

GÉNÉRATION 1990

Parmi les éléments qui conditionnent la production et la création françaises aujourd'hui, on peut citer : la modification des rapports cinéma-télévision et la part prise par la télévision dans le financement du cinéma ; un système de financement qui limite les risques et n'impose pas la sanction publique au film ; une réponse à la concurrence américaine qui se cherche encore ; une conception du cinéma d'auteur paralysante ; un goût des clans et des bandes chez les jeunes cinéastes et des solidarités d'école qui apparentent ces cinéastes à des élèves de grandes écoles (type ENA) qui parlent tous le même langage, partagent les mêmes citations, et se soucient d'abord du jugement de leurs camarades.

Retour au court métrage

La plupart des cinéastes des années 1960 et notamment ceux de la Nouvelle Vague avaient fait leurs classes dans la réalisation de court-métrages, passeport pour la réalisation d'un premier long-métrage ; la cinéphilie a été l'école de formation des cinéastes des années 1970 ; la génération actuelle renoue avec le passage par le court-métrage qui est pour les jeunes cinéastes sortis des écoles de cinéma à la fois l'examen de fin d'études et l'équivalent d'une thèse universitaire.

Le court métrage est souvent la démonstration du talent, du savoir-faire du futur metteur en scène ; il permet aussi aux jeunes cinéastes de se faire remarquer dans les festivals. C'est ainsi que François Dupeyron pourra réaliser son premier film avec G. Depardieu et C. Deneuve,

La Sentinelle
(Emmanuel Salinger, Marianne Dennicourt)

qu'Éric Rochant, César 1984 du court métrage, passera
en 1988 à la réalisation de son premier film, que Denis
Podalydes connaîtra un vrai succès public avec un moyen
métrage, *Versailles Rive-Gauche,* et que *La Sentinelle* de
Arnaud Desplechin, sélection française à Cannes 1993,
suivra un premier moyen métrage remarqué : *La Vie des
Morts* (1991).

Apparition d'un cinéma « beur »[1]

Les problèmes liés à l'immigration ont été les préoccupations majeures des cinéastes de la première génération : leurs films sont des actes militants qui visent à mieux
faire connaître un milieu, à en présenter les conditions
d'être et de vie. C'est comme toujours la forme qui distingue ces cinéastes : cinéma de la révolte chez Nacem
Ktari (*Les Ambassadeurs,* 1976), cinéma réaliste d'Ali
Ghanem (*L'Autre France,* 1975), cinéma onirique de

1. Beur : en verlan, arabe.

Djanhra Akurda (*Ali au pays des merveilles,* 1977), cinéma documentaire de Didier Ekaré (*Mektoub,* 1970) et de Sokhona (*Nationalité immigré,* 1975).

Le retour sur soi, la dénonciation de la tradition et de l'étouffement familial constituent l'autre voie : *L'Olivier* (1975), *Larmes de sang* (1979), d'Ali Alika s'inscrivent dans ce courant.

La seconde génération, celle des « beurs » apparue au milieu des années 1980, s'attache aux problèmes d'identité d'une communauté « beur » française prise entre deux cultures et qui cherche à s'insérer.

Mehdi Charef est le chef de file de cette seconde génération : *Le Thé au Harem d'Archimède* (1984), *Miss Mona* (1987), *Camomille* (1988) mettent en scène des amitiés, des solidarités entre des êtres isolés aux prises avec le mal de vivre, le chômage, le racisme, la drogue.

Le Thé à la menthe (1984), comédie d'**Abdelkim Bahloul**, évoque les rêves d'un jeune beur que sa mère vient tenter de remettre dans le droit chemin ; **Rachid Bouchareb** choisit lui aussi la comédie pour évoquer dans *Baton Rouge* (1985) l'aller retour de trois chômeurs rejetés où qu'ils se trouvent ; il s'attache dans *Cheb* (1991) à traiter le thème du retour aux origines à travers l'histoire d'un jeune beur expulsé de France qui se retrouve en Algérie dans un pays dont il ne parle pas la langue et qui lui montre son hostilité ; **Karim Dridi** avec *Pigalle* (1994) et **Malik Chibane** avec *Hexagone* (1993) reviennent chacun à leur manière sur les problèmes d'insertion.

GÉNÉRATION 90 :
« UN MONDE SANS PITIÉ »

Des êtres qui se heurtent aux autres et au monde, des êtres de solitude, des fauves indomptables, des personnages en fuite, des vérités ou des sentiments qui n'arrivent pas à se dire... Oui, les mondes d'Eric Rochant, de Cedric Kahn, de Xavier Beauvois, de Catherine Corsini, de Jacques Audiard ou de Cyril Collard sont des mondes sans pitié.

C'est **Éric Rochant** qui a donné ce titre, *Un Monde sans pitié,* à son premier film (1989) révélant un personnage qui flotte, se sent parfaitement inutile, se heurte aux choses mais malgré tout résiste... On retrouvera dans *Aux yeux du monde* (1992) ce même type de personnage, mais cette fois, affirmant son identité à travers une action désespérée (le détournement d'un car scolaire).

Chez **Cedric Kahn** non plus, le monde ne coïncide pas avec les désirs du héros : *Bar des rails* (1992) est le récit d'un échec et de la tentation de la violence et de la révolte comme fuite du réel... Les univers individuels sont comme les rails, ils ne se rejoignent pas... *Trop de bonheur* réalisé en 1994 cache dans l'ironie de son titre cette même constatation.

Mêmes itinéraires disjoints dans *Nord* (1992) de **Xavier Beauvois** : ici l'espace (naturaliste) dit le vide, la désolation, nomme l'infranchissable... La famille est à cette image un lieu où l'on ne se parle que trop tard quand l'ennui, la solitude, l'incommunicabilité ont fait leur travail et qu'il ne reste place que pour la violence.

Même jeu de rails dans *Regarde les hommes tomber* (1994) de **Jacques Audiard** : destins parallèles, individus qui se frôlent sans oser se toucher, mots qui se disent sans jamais s'échanger...

Catherine Corsini, avec *Poker* (1987) et *Les Amoureux* (1994) libère ses héros de la norme et de la convention. Elle les conduit dans un univers social truqué, vers la transgression et l'affranchissement des tabous, seule issue pour échapper à ce « monde sans pitié ».

Si **Cyril Collard** a été le personnage miroir de ce monde-là, c'est peut-être parce que son héros des *Nuits fauves* (1992) est un héros partagé entre nuit et jour, vie et mort, homo- et hétérosexualité, un être au désir éclaté et inassouvi, une espèce de fauve impossible à apprivoiser, qui s'approche, aime, fuit et cherche jusque dans la nuit de la mort l'espoir d'une renaissance.

GÉNÉRATION 90 :
« LES GENS NORMAUX N'ONT RIEN D'EXCEPTIONNEL »

Des êtres menacés, fermés sur eux-mêmes et sur leurs secrets, des personnages qui cherchent aussi à s'expliquer malgré les énormes difficultés qu'ils ont à communiquer, le cinéma des années 1990 propose des héros occupés par leur propre désordre.

Désordre, ce titre, **Olivier Assayas** l'avait choisi pour son premier film (1986) ; il nomme parfaitement l'univers d'un cinéma du désenchantement et de la douleur, du narcissisme et du dégoût de soi, dont les héros sont intransigeants et n'acceptent pas le compromis (*Paris s'éveille,* 1991) et victimes dans *L'Enfant de l'Hiver* (1989) de leur insécurité sentimentale et sociale.

Cette insécurité, on la retrouve chez **Leos Carax** (*Boy meets girl,* 1984 ; *Mauvais sang,* 1989 ; *Les Amants du Pont Neuf* (1992) ; elle est exprimée sans réalisme, dans la recherche d'un cinéma poétique qui irait chercher ses références dans la bande dessinée, sur les murs, dans le langage publicitaire ou dans la peinture de Warhrol ou de Lichtenstein ; ses films témoignent d'un monde qui divague, sans point de repère, même pas celui de cette ligne jaune que le héros des *Amants du Pont Neuf* tente de suivre au début du film.

Chez **François Dupeyron,** cette ligne jaune est cette ligne imaginaire qui sépare deux êtres que le hasard a placés face à face (*Drôle d'endroit pour une rencontre,* 1988 ; *Un Cœur qui bat,* 1992) ; deux êtres égarés sont placés ainsi le temps d'un huis-clos pour s'expliquer, sortir un peu d'eux-mêmes. Ils le font au travers d'une dramaturgie de la parole très maîtrisée.

Partant du thème de la folie qui gagne son héroïne dans *Les Gens normaux n'ont rien d'exceptionnel* (1994), **Laurence Ferreira Barbosa** propose un plaidoyer contre l'indifférence, seule possibilité de retrouver le sens de la parole et de la communication.

Le sens de la parole et de la communication, les héros de **Claire Devers** (*Noir et Blanc*, 1985 ; *Chimère*, 1989) et de **Claire Denis** (*Chocolat*, 1988 ; *S'en fout la mort*, 1990 ; *J'ai pas sommeil*, 1994) en sont singulièrement privés. Le refoulement, notamment sexuel, et la violence des rapports dominent chez Claire Devers, l'enfermement dans leurs secrets chez Claire Denis.

Empruntant leur univers à la bande dessinée, **Jennet** et **Caro** montrent enfin dans *Delicatessen* (1991) un univers dans lequel les acteurs s'entredévorent au sens propre.

GÉNÉRATION 90 :
« PETITS ARRANGEMENTS AVEC LES MOTS »

De Sacha Guitry à Éric Rohmer, il existe la tradition d'un cinéma qui place les mots au centre de sa dramaturgie. **Christian Vincent** dans *La Discrète* (1990) illustre cette tendance à un marivaudage cruel où la littérature et la vie se croisent et se décroisent, où le mensonge, le piège, la manipulation traités sur un ton léger et divertissant aboutiront à l'échec d'une rencontre confiée au hasard.

Co-scénariste de *La Discrète*, **Jean-Pierre Ronssin** poursuit avec *L'Irrésolu* qu'il réalise en 1994, ce jeu de rôles (de « caractères », au sens de La Bruyère) où les personnages bâtissent leur vie, mais aussi leur morale, sur l'usage excessif mais gourmand du mot, de la réplique, de l'effet de théâtre.

Catherine Ferran dans *Petits arrangements avec les morts* (1994) confie aux mots les silences, la douleur, les fractures, les aveux qui lient l'ensemble de ses personnages et **Marion Vernoux** dans *Personne ne m'aime* (1994) anime ses portraits de femmes de ce besoin de se raconter, de raconter leurs unions désunies, leurs rencontres sans lendemain, leurs désespoirs provisoires, bref de se dire pour éprouver qu'elles existent.

Chaque génération a son « inclassifiable », son indompté. Celui-là pourtant ne s'est manifesté à ce jour ni par son sens de l'excès (trop courtois, poli peut-être), ni par sa familiarité avec le public (pas assez « phénomène de société »). Son monde, à tous les coups, est sans pitié. Ses personnages se cherchent aux confins de la « normalité » et dispensent leurs mots – (leurs maux ?) – sans complaisance. Il s'appelle **Arnaud Desplechin.** Son premier film s'appelait *La Sentinelle* (1993). Un signe peut-être.

GÉNÉRATION 90 :
« LE GOÛT DE L'EXCÈS »

Excès de formalisme, excès d'émotion, excès de romanesque, excès de style, on aura tout reproché et tout applaudi chez ces trois cinéastes qui ont en commun d'être venus des studios et non des écoles de cinéma. Chacun à sa manière dessine l'image internationale du cinéma français : Luc Besson, Jean-Jacques Beineix, Régis Wargnier.

Luc Besson est considéré comme le « wonderboy » du cinéma français. Il le doit aux réussites successives de ses quatre derniers films (*Subway,* 1985 ; *Le Grand Bleu,* 1988 ; *Nikita,* 1992 ; *Léon,* 1994), au rapport complice qu'il entretient avec son public, enfin au mystère et à l'effet de surprise dont il entoure chacun de ses films.

Réalisé en 1980, son premier film, *Le Dernier Combat,* film de science-fiction en noir et blanc avait retenu l'attention par son rythme, l'accumulation des actions et le caractère peu bavard de ses personnages. Ce sens du rythme, cette parole rare, on les retrouvera dans l'ensemble de ses films... Mais chacun d'entre eux est marqué par des parti-pris forts : l'esthétique punk et le monde souterrain dans *Subway*, l'engloutissement dans le monde sous-marin pour *Le Grand Bleu*, les mondes parallèles dans *Nikita*, le labyrinthe urbain dans *Léon*. Cinéma antiréaliste, le cinéma de Luc Besson impose chaque fois un imaginaire et des personnages hors du commun, impliqués dans des aventures qui prennent l'allure de fable.

Les films de **Jean-Jacques Beineix** fonctionnent aussi sur une grande dépense d'énergie. Beineix est un cinéaste d'atmosphères qui vont jouer un rôle important sur le récit et sur les personnages. Ces atmosphères révèlent un goût de l'artifice : les lofts dans *Diva* (1980), le port dans *La lune dans le caniveau* (1983), la station balnéaire en hiver dans *37°2 (Betty Blue)* (1985), le cirque dans *Roselyne et les lions* (1989), la forêt dans *IP5* (1984) ; c'est dans ces atmosphères qui rompent avec le naturalisme que Beineix place les relations passionnelles *(Diva, 37°2, La Lune)* ou initiatiques *(IP5, Roselyne...)* de ses héros.

Régis Wargnier a imposé en trois films un savoir-faire couronné par un César, pour son premier film *(La Femme de ma vie,* 1986) et l'Oscar du meilleur film étranger *(Indochine,* 1993). Avec *La Femme de ma vie* et *Je suis le Seigneur du château* (1989), huis-clos dominés par des affrontements extrêmement violents, Régis Wargnier rompait avec les habitudes du cinéma psychologique français ; avec *Indochine,* il restitue le romanesque et les grands espaces chers à David Lean et le goût du mélodrame excessif de Douglas Sirk. Portrait de femme, *Indochine* confronte personnages et passions au grand vent de l'Histoire et redonne au cinéma français un goût pour le cinéma épique qu'il avait perdu depuis bien longtemps.

La Salamandre
(Bulle Ogier)

Yeelen

CHAPITRE 10

LE CINÉMA FRANCOPHONE

Suisse, québécois, belge, ou africain, le cinéma francophone montre malgré ses difficultés une belle vitalité tant au Nord qu'au Sud.

L'HEURE SUISSE

Le cinéma suisse avec Alain Tanner, Claude Goretta, Michel Soutter a connu après les années 1968 une audience internationale. Ces cinéastes issus de la télévision suisse ont mis dans leur film un regard sociologique et une approche psychologique qui privilégient le plus souvent le ton de la comédie avec plus ou moins de distance.

Charles mort ou vif (1969), *La Salamandre* (1971), *Le Milieu du monde* (1974), *Dans la ville blanche* (1983) imposent Alain Tanner comme un observateur engagé, à la fois soucieux de réalisme mais dont les récits peuvent prendre une dimension parfois onirique, voire fantastique.

C'est *L'Invitation* (1973), fable qui fait beaucoup penser à Renoir, qui assure la renommée de Claude Goretta, mais c'est *La Dentellière* (1977) qui lui assurera son plus gros succès. Goretta ne cherche ni le réalisme, ni la sociologie, il théâtralise les situations.

Quant à Michel Soutter, il s'impose par un ton très libre dans un cinéma qui fait une large place au jeu et à la comédie des sentiments. *Les Arpenteurs* (1972) avaient donné le ton, il le retrouvera dans *L'Escapade* (1973) et dans *Repérages* (1977).

L'EXCEPTION QUÉBÉCOISE

Le cinéma québécois participe quant à lui de la revendication culturelle et identitaire du Québec : Gilles Carle, Denys Arcand, Jean-Pierre Lefebvre en sont les trois figures les plus marquantes.

Avec *Les Mâles* (1970), *La vraie nature de Bernadette* (1972), *La Mort d'un bûcheron* (1973), *La Tête de Normande Sainte-Onge* (1975), Gilles Carle s'affirme comme un chef de file du courant contestataire ; on retrouve dans ces films une interrogation ou une illustration du rôle que tient la religion, le sexe, la politique dans la société québécoise d'avant et d'après « la révolution tranquille ».

L'engagement est aussi à la base du cinéma de Denys Arcand, cinéma politique où l'on retrouve les préoccupations de Gilles Carle, avec davantage de violence et davantage d'utopie dans l'espoir d'un changement. *Réjanne Padovani* (1973) sur les milieux politiques, *La Grosse Galette* (1971), sur les pouvoirs de l'argent, *Gina* (1975) sur la violence, *Le Déclin de l'empire américain* (1986) sur la sexualité, *Jésus de Montréal* (1989) sur l'église et les médias, témoignent de cette manière satirique de parler des mœurs et des mentalités de la société québécoise.

Jean-Pierre Lefebvre s'est attaché, sur les thèmes communs du changement social et politique, à bâtir un cinéma où la recherche formelle est en continuel développement, avec des personnages qu'il reprend d'un film à l'autre. Ses derniers films, *Ce vieux pays où Rimbaud est mort* (1977), *Les Fleurs sauvages* (1982), *Jour S* (1984) témoignent du désarroi des intellectuels et du repli sur soi après la « révolution tranquille ».

L'ESPACE BELGE

La Belgique est à la fois terre de passage, de croisements et de conflits. Son cinéma traduit à bien des égards cette situation singulière.

Tout se passe comme si André Delvaux avait concentré dans son œuvre l'essentiel de cette matière ; son cinéma dessine des paysages étranges et joue constamment avec l'espace et le temps : *Un soir, un train* (1968), *Rendez-vous à Bray* (1971), *Belle* (1973), *Benvenuta* (1983) témoignent de cette manière.

L'univers de Chantal Akerman cherche au contraire un enracinement dans le réel, voire dans le quotidien, pour en faire surgir l'imaginaire. L'errance, les chambres d'hôtel, les gares, les lieux de passage ou les lieux impersonnels, tout ce qui insécurise, y tiennent une place importante : *Je, tu, il , elle* (1974), *Jeanne Dielman* (1975), *Les Rendez-vous d'Anna* (1978), racontent ce mal être des identités menacées.

Changement de ton et de regard avec Jaco von Dormael (*Toto le Héros*, 1991) et Rémy Belvaux (*C'est arrivé près de chez vous,* 1992) : humour noir, description satirique de la petite bourgeoisie, violence, le cinéma belge trouve le chemin de sa propre réalité : il a recours pour cela à un mélange des genres (tragi-comédie, film noir) et des formes (bande dessinée).

L'ÉVEIL DE L'AFRIQUE

Lentement, le cinéma africain accède à une reconnaissance internationale. Conditions financières, conditions matérielles, distribution, le cinéma africain a du mal à exister quand ce n'est pas à survivre.

Parallèlement à la littérature, après avoir exalté les identités au lendemain des indépendances, le cinéma africain rend compte aujourd'hui des problèmes de l'Afrique : misère, corruption, volonté de changement sont des thèmes que l'on rencontre fréquemment dans les films.

Hyènes de Djibril Diop Mambéty (Sénégal) est représentatif de ces films sur le pouvoir de l'argent qui corrompt ; il le fait en transposant en Afrique *La Visite de la vieille dame* du Suisse Dürrenmatt, histoire d'une ville qui vend son âme contre de l'argent...

On retrouve ce thème dans la comédie de Pierre Yameoga (Burkina Faso), *Laafi*, aventures d'un jeune Africain cherchant à s'inscrire à l'Université et découvrant à tous les échelons la corruption ; Thierry Michel dans son film reportage *Le Cycle du serpent* (Zaïre) évoque cet enfer de misère et de corruption aux allures de Paradis.

À côté de ces films du constat, un certain nombre de productions s'intéressent au changement : désir et volonté de changement dans la chronique villageoise *Sango Molo* (Cameroun) ; plaidoyers pour une prise en main du destin de l'Afrique par les Africains sur fond d'affrontements dans *Guelwar* de Sembene Oussemane (Sénégal) ; fable sur l'apprentissage de la liberté et du respect de l'autre dans *Rabi* de Gaston Kaboré (Burkina Faso) ; tribalisme et identité dans *Yeelen* (1987), allégorie poétique de Souleymane Cissé (Mali), l'un des cinéastes les plus créatifs (*Le Vent*, 1982 ; *La Fille*, 1974 ; *Baara*, 1978) ; mais aussi chez un autre des grands cinéastes africains, Jdrissa Ouedraogo (Burkina Faso) qui l'illustre dans sa chronique villageoise, *Yaaba* (1987) et dans *Tilaï* (1987).

CHAPITRE 11

PAROLES ET IMAGES D'ACTEURS

Ils disent nos destinées, ils risquent beaucoup d'eux-mêmes, ils captent comme personne la lumière pour mieux nous la restituer, ils sont nos émotions, nos joies, nos peurs, nos tendresses, nos passions, nos indécisions... D'eux, d'elles, on ne retiendra que quelques paroles ou quelques images...

Alain Delon, Jean-Paul Belmondo

Le cinéma ne les a véritablement réunis qu'une seule fois ; peut-être parce que, hormis le talent, tout les sépare.

À l'un, Alain Delon, ont été donnés la grâce des grands fauves, l'ambiguïté des séducteurs, le goût des personnages en marge ou distants.

À l'autre, Jean-Paul Belmondo, ont été donnés la sympathie immédiate, la générosité du talent, le goût des personnages complices du public.

À l'un, on rappellera toujours *Plein Soleil* (1959), *Rocco et ses frères* (1960), *Mélodie en sous-sol* (1962), *L'Éclipse* (1962), *Le Guépard* (1963), *Le Samouraï* (1967), *Le Cercle rouge* (1970), *Monsieur Klein* (1976), *Nouvelle vague*.

De l'autre, on n'oublie pas *À bout de souffle,* (1959), *Léon Morin Prêtre* (1961), *Le Doulos* (1962), *L'Homme de Rio* (1963), *Un Singe en hiver* (1963), *Pierrot le Fou* (1965), *Stavisky* (1974).

Isabelle Adjani

« J'aimerais penser au public qui va vous voir, mais non. Un metteur en scène, c'est quelqu'un pour qui je joue, et qui me masque le reste du monde. Acteur, on ne tient rien, ni ce qu'on a fait ni ce qu'on va faire ».

L'Histoire d'Adèle H (1974), *L'Été meurtrier* (1983), *Camille Claudel* (1988), *La Reine Margot* (1994).

Gérard Depardieu

« *Le cinéma est glacial. Le résultat qui fait rêver les gens ne dépend pas que de l'histoire et de ceux qui la font, des acteurs et de ce qu'ils racontent ; il dépend de la technique de l'opérateur, de l'ingénieur du son* ».

Les Valseuses (1974), *1900* (1976), *Barocco* (1976), *Rêve de singe* (1978), *Mon Oncle d'Amérique* (1980), *Tenue de soirée* (1986), *Drôle d'endroit pour une rencontre* (1988), *Cyrano* (1990), *Germinal* (1993), *Le colonel Chabert* (1994).

Brigitte Bardot

« *Le cinéma est un monde absurde. Mais je suis décidée à le vivre telle que je suis, non telle que d'autres veulent me faire être* ».

Et Dieu créa la femme (1956), *Babette s'en va-t-en guerre* (1960), *La Vérité* (1960), *Le Mépris* (1963), *Viva Maria* (1965).

Jean-Louis Trintignant

Il connaît par cœur les harmoniques de la voix qui troublent et qui séduisent. Il lui suffit d'appuyer à peine, un peu, beaucoup, pour que le personnage se métamorphose.

Un Homme et Une femme (1966), *Ma Nuit chez Maud* (1969), *Le Conformiste* (1970), *Le Mouton enragé* (1971), *Regarde les hommes tomber* (1994).

Michel Piccoli

Personne ne parle mieux que lui du métier d'acteur. Séduire, troubler, déranger, répulser, Piccoli n'a peur de rien.

Le Mépris (1963), *Benjamin* (1968), *Les Choses de la vie* (1969), *Le Charme discret de la bourgeoisie* (1972), *Les Noces rouges* (1973), *Une étrange affaire* (1981), *Péril en la demeure* (1985), *La belle Noiseuse* (1991).

Catherine Deneuve

« Il faut avoir une capacité de concentration, de disponibilité pour un moment bien précis, et tout le reste n'est que préparation. C'est là que le cinéma n'est pas un métier où le talent suffit pour réussir. Il n'y a pas de vraie séparation avec sa vie ; on compense dans sa vie ou dans son métier ».

Les Parapluies de Cherbourg (1964), *Répulsion* (1965), *Les Demoiselles de Rochefort* (1966), *Belle de jour* (1966), *Le Sauvage* (1975), *Le Dernier métro* (1980), *Hôtel des Amériques* (1981), *Indochine* (1992).

Daniel Auteuil

Son visage asymétrique, un peu de travers, n'est pas facile à saisir. Son jeu est toujours en retrait comme si c'était au spectateur d'aller le chercher. Il faut prêter l'oreille... quelque chose vibre.

Jean de Florette (1986), *Quelques jours avec moi* (1990), *Ma saison préférée* (1993).

Emmanuelle Béart

Elle ne se donne pas mais elle s'engage. Le rire est franc, la violence aussi. Elle allume la passion, désire toujours convaincre.

Manon des Sources (1986), *La Belle Noiseuse* (1991), *Un cœur en hiver* (1992), *Une femme française* (1995).

Jeanne Moreau

Les acteurs mentent... Idée reçue, car un acteur se nourrit précisément de la vie, sa meilleure école ; il y puise sa force, son authenticité ; son travail est de tous les instants ».

Ascenseur pour l'échafaud (1958), *La Notte* (1961), *Jules et Jim* (1961), *Eva* (1962), *Le Journal d'une femme de chambre* (1964), *Viva Maria* (1965), *Falstaff* (1966), *Les Valseuses* (1974), *Le Paltoquet* (1986).

Juliette Binoche

Affaire d'émotion, de gravité silencieuse, quelque chose d'intouchable et proche tout à la fois. Une sérénité inquiète.

Rendez-vous (1985), *Mauvais Sang* (1989), *Fatal* (1991), *Bleu* (1993).

Philippe Noiret

La voix rassure, la rondeur du personnage aussi... puis le doute s'insinue et le malaise s'installe. Méfiez-vous de la bonhomie.

La Vie de château (1965), *Alexandre le Bienheureux* (1967), *Mes Chers amis* (1975), *Que la fête commence* (1975), *Le Vieux fusil* (1976), *L'Étoile du Nord* (1982), *Les Ripoux* (1984).

Isabelle Huppert

« *C'est important le rapport qu'on a avec la caméra : il faut en être conscient et y être indifférent. Plus on la méprise, plus elle vous filme bien.* »

La Dentellière (1977), *Violette Nozières* (1978), *Loulou* (1979), *Sauve qui peut, (la vie)* (1980).

Miou Miou

Corps bousculé, corps maltraité, corps mal aimé, Miou Miou est devenue au fil du temps un regard, une voix qui imposent l'attention et provoquent l'émotion.

Les Valseuses (1973), *Dites-lui que je l'aime* (1977), *Coup de Foudre* (1983), *La Lectrice* (1988).

Sandrine Bonnaire

« *On peut apprendre la technique, on ne peut pas apprendre les émotions. Quand un metteur en scène aime vraiment un acteur... moi je pourrais monter au plafond* ».

À nos amours (1983), *Sans Toit ni Loi* (1985), *Jeanne d'Arc* (1993).

CHAPITRE 12

GROS PLANS SUR...

Ni palmarès, ni choix raisonné, l'illustration d'un art, d'un savoir-faire, d'un goût du public... d'une passion.

Jules et Jim

Il était une fois deux amis Jules et Jim qui tous deux tombent amoureux d'une même femme, leur idéal féminin, Catherine. Catherine épousera Jules puis deviendra l'amante de Jim, avec le consentement de Jules, avant de disparaître avec lui.

Sur un thème scabreux, Truffaut a réussi un film profondément moral, plein de grâce, aérien, où tout est dit, fait avec légèreté, où les personnages ne manquent jamais ni de délicatesse, ni de tendresse, ni de pudeur l'un pour l'autre. Dans *Jules et Jim*, même les larmes ont la douceur de l'amitié.

Jules et Jim, film de François Truffaut, scénario François Truffaut, Jean Gruault d'après Henri-Pierre Roché. Avec Jeanne Moreau, Oscar Werner, Henri Serres, Marie Dubois.

L'année dernière à Marienbad

Robbe-Grillet plus Alain Resnais, Nouveau roman plus Nouvelle Vague, *L'Année dernière à Marienbad* est ce film unique qui a fasciné ou irrité toute une génération. Dans un palace baroque, un homme croit reconnaître une femme qu'il a connue et aimée l'année dernière à Marienbad. Un autre homme la poursuit également.

Sur cette situation banale, Resnais construit un film étrange entre rêve et réalité, un film ouvert qui place le spectateur au cœur du film : il lui propose des images, des noms, des mots, et c'est à lui de les regrouper, de construire un sens... et les spectateurs ne s'en sont pas privés !

L'Année dernière à Marienbad, film d'Alain Resnais, scénario Alain Robbe-Grillet avec Delphine Seyrig, Giorgio Albertazzi et Sacha Pitoëff.

Le Mépris

Voici le film des dieux, des déesses et des hommes : ici se mêlent la vie, le mythe, la fiction et le cinéma.

Ici Godard rencontre Bardot qui apprend à mépriser l'homme qu'elle aime.

Ici, un Dieu, Fritz Lang, filme *l'Odyssée*, le récit de l'angoisse conjugale majeure, la fidélité...

Entre le monde des Dieux et le monde humain, l'immense escalier de la villa Malaparte à Capri où se joue la tragédie... et, tout autour, la Méditerranée...

En jaune soleil, en bleu, en rouge, en blanc, Godard livre un film lyrique, méditation sur un monde où tout n'est que fiction : l'amour, l'art, le mythe...

Le Mépris, fim de Jean-Luc Godard, scénario Jean-Luc Godard d'après Alberto Moravia avec Brigitte Bardot, Michel Piccoli, Jack Palance et Fritz Lang.

Les Parapluies de Cherbourg

Jacques Demy n'a pas peur du mélodrame... du feuilleton populaire : après avoir promis au garçon qu'elle aime, que « jamais elle ne pourrait vivre sans lui », une jeune femme préfère le mariage de raison que lui propose un riche diamantaire... Quand elle le reverra, ils n'auront plus rien à se dire...

Sur ce canevas très simple, Jacques Demy a construit un film où rien n'est vrai, où les mots deviennent parole et musique, où les lieux prennent des couleurs aussi acides et risquées que chez Matisse, et où, à force d'artifice, tout devient vrai : la violence de l'Histoire, les sentiments échangés, les sentiments achetés...

La musique de Michel Legrand, la fluidité de la mise en scène de Jacques Demy font des *Parapluies de Cherbourg* un objet unique, un de ces films singuliers qui caractérisent tellement le cinéma français.

Les Parapluies de Cherbourg, film de Jacques Demy, scénario Jacques Demy, Musique Michel Legrand. Avec Catherine Deneuve, Nino Castelnuovo, Anne Vernon, Marc Michel.
Palme d'or, Cannes 1964.

La Grande vadrouille

17 millions de spectateurs... C'est le plus gros succès du cinéma français depuis 1945. Les raisons de ce succès : un tandem parfait, le bon et le méchant, le maître et le valet, la débrouillardise individuelle contre la force collective organisée ; une période, l'Occupation, dont on peut enfin rire, une comédie qui allie le burlesque et l'aventure...

La Grande vadrouille, comme son nom l'indique, nous entraîne des toits de l'Opéra de Paris aux bains turcs et jusqu'en Bourgogne... L'intrigue ? des aviateurs anglais se retrouvent au-dessus de Paris et obligés de sauter en parachute : l'un tombe au Zoo de Vincennes, l'autre sur le toit de la Kommandantur, le troisième sur le toit de l'Opéra de Paris... Pour se sauver, ils entraîneront Bourvil (le peintre en bâtiment) et De Funès (le chef d'orchestre) dans leur folle course vers la zone libre.

Français, Allemands et Anglais comme les stéréotypes les ont faits, un parfum d'humanité en plus chez chacun...L'aventure marie les scènes d'action, les quiproquos et la comédie n'hésite pas sur les effets spectaculaires.

La Grande vadrouille, **film de Gérard Oury, scénario Gérard Oury, Danièle Thomson, Marcel Jullian. Avec Bourvil, Louis De Funès, Terry Thomas, Claudio Brook, Mike Marshall et Marie Dubois.**

Lacombe Lucien

En 1974, Louis Malle choisit de ramener les Français vers leur passé, vers cette période de la collaboration, du régime de Vichy si longtemps passée sous silence.

Il le fait au travers d'un surprenant récit d'apprentissage, celui d'un petit paysan dont la vie se construit à coups de hasard : collaborateur par défaut, antisémite par inadvertance, résistant par amour... Ce parcours chaotique est uniquement motivé par les circonstances, jamais par des choix idéologiques clairs...

Louis Malle choisit une esthétique où la fiction et une espèce d'approche documentaire se marient constamment. Il réussit un film « vrai », objectivement dur qui montre, grâce à l'effondrement des valeurs, l'ambiguïté de certains engagements.

Lacombe Lucien, **film de Louis Malle, scénario Louis Malle et Patrick Modiano avec Pierre Blaise, Aurore Clément, Holger Lowenadler.**

Le Cercle Rouge

Il est dit que, quoi qu'il arrive, les hommes se retrouveront un jour dans le Cercle rouge... comme s'il y avait une fatalité à laquelle on ne pouvait échapper.

Les liens qui vont unir trois truands solitaires, l'un échappé, l'autre libéré, le troisième alcoolique sont des liens de hasard, et le coup fabuleux qu'ils vont réussir ensemble les conduira à leur perte

Melville construit son film comme une tragédie où tout conduit à l'accomplissement mortel du destin. Expert en âme humaine, il suit le cheminement solitaire de chacun des personnages et la mise en scène rigoureuse et dépouillée allie un espace tragique aux couleurs froides, à la lumière incertaine entre chien et loup, où les personnages sont comme des silhouettes insaisissables, et promises à leur disparition.

Le Cercle rouge, **film de Jean-Pierre Melville, scénario de Jean-Pierre Melville, avec Alain Delon, Bourvil, Yves Montand, Gian Maria Volonte, François Perier.**

Les Valseuses

Quel trio d'acteurs ! Gérard Depardieu, Patrick Dewaere et Miou-Miou, trois révélations en un seul film et le commencement de trois carrières exceptionnelles... Mais aussi la révélation d'un scénariste et d'un cinéaste des plus originaux, Bertrand Blier : un verbe ravageur et haut en couleurs, un scénario explosif et parfaitement immoral, des situations audacieuses présentées avec naturel, un ton de comédie ont assuré le succès du film...

Dans ce « road moovie », on suit deux petits truands qui entraînent avec eux une employée d'un salon de coiffure dans une série d'aventures où ils croisent une femme sortie de prison qui n'a plus connu l'amour, un garçon qui les entraîne dans un cambriolage, une adolescente aux jeux peu moraux, une jeune femme toute à sa maternité... Sans morale donc, sans scrupules, ces deux voyous parviennent malgré tout à devenir des héros sympathiques et à faire rire de leurs aventures... Un exploit !

Les Valseuses, **film de Bertrand Blier. Scénario Bertrand Blier. Avec Gérard Depardieu, Patrick Dewaere, Miou-Miou, Jeanne Moreau, Isabelle Huppert, Brigitte Fossey.**

Vincent, François, Paul et les autres

Tous les dimanches, ils se retrouvent : il y a Paul, le journaliste, Jean le Boxeur, François, le médecin, Vincent, le petit industriel. La semaine, ils vivent les choses de la vie : le travail, les amours, les ennuis...

Et puis la vie déraille ; incidents, accidents : la vie, l'amour, la mort, quelque chose se défait...

Claude Sautet, chroniqueur et observateur de la société française des années 1970, a filmé cette société d'avant la crise, toute au bonheur de sa réussite, ce dernier instant avant que tout bascule. Comme chez Renoir dans *La Règle du Jeu*, cette chronique tendre et amère parvient à faire vivre, dans une mise en scène qui ne manque pas d'émotions, ces derniers instants suspendus de « douceur de vivre ».

Vincent, François, Paul et les autres, film de Claude Sautet, scénario Jean-Loup Dabadie, Claude Néron, Claude Sautet.
Avec : Yves Montand, Michel Piccoli, Serge Reggiani, Gérard Depardieu, Stéphane Audran, Marie Dubois, Ludmilla Mikaël, Antonella Lualdi, Catherine Allegret.

Le Grand Bleu

Ce film des profondeurs a fasciné une génération. Mal accueilli par la critique, il a été rattrapé par la sociologie, voire la psychanalyse

...Au commencement, la mort arrachée, violente du père... à l'arrivée la mort douce, consentie du fils... Entre les deux la fascination du monde liquide et des profondeurs comme élément de réconciliation et l'amitié-rivalité de Jacques le taciturne et d'Enzo le volubile, rivalité d'enfants qui devient rivalité d'adultes qui n'ont jamais accepté la perte d'une enfance partagée et heureuse.

Le film de Luc Besson s'ouvre sur un long plan en accéléré véritablement hallucinogène... invitation à un voyage dont on ne revient pas, traversé d'une réalité qui petit à petit s'efface jusqu'à l'engloutissement final.

Le Grand Bleu, film de Luc Besson. Scénario L. Besson, R. Garlard, M. Goldin, J. Mayol, M. Perrier. Avec Jean-Marc Barr, Jean Reno et Rosanna Arquette.

37°2, le matin

Film-culte, il raconte l'histoire de deux aventuriers du bonheur qui se trouveront un instant avant que leur route ne se sépare, l'un vers la folie, l'autre vers la création littéraire. Commencé sur une plage en hiver repeinte aux couleurs de leur amour, la balade sentimentale de Zorg et Betty les conduira à devenir serveurs dans une pizzéria avant de finir vendeurs de piano.C'est Betty qui mène le bal au rythme de ses dérives, de ses ruptures, de ses absences ; quant à Zorg, il va nourrir son œuvre de ce fiasco.

Il y a un côté « désespéré de l'amour » dans ce film où la violence des étreintes est aussi illusoire que les façades repeintes en couleurs d'artifice par les deux héros au début du film...

37°2, le matin (Betty Blue), film de Jean-Jacques Beineix, scénario J.-J. Beineix d'après le roman de Philippe Djian. Avec Béatrice Dalle, Jean-Hugues Anglade.

Indochine

L'espace, l'histoire, la passion sont au rendez-vous de ce film qui renoue avec le cinéma romanesque somptueusement illustré par David Lean et Douglas Sirk.

Portrait d'une femme qui, dans les tourmentes de l'Histoire perdra tout, sa plantation, son amour, sa fille, sa terre, mais trouvera l'enfant qu'elle n'a jamais eu, *Indochine* mêle la défaite du colonialisme et l'exaltation nationaliste, la folie des amants et l'amour impossible au déchirement d'une femme partagée, mère et amante, française et attachée à cette terre indochinoise. Tour à tour violent, lyrique, épique, intimiste, *Indochine* redonne au cinéma français un sens de l'espace, du spectacle et de l'émotion qu'il avait peut-être oublié.

Indochine, film de Régis Wargnier, scénario R. Wargnier, E. Orsenna, L. Gardel, C. Cohen. Avec Catherine Deneuve, Vincent Pérez, Jean Yanne, Dominique Blanc,

Mots et expressions

Adaptation, *f.* : scénario à partir d'un roman ; s'oppose au scénario original.

Aides, *f.* : système financier par lequel l'État aide l'ensemble de l'industrie cinématographique.

Cadrage, *m.* : manière de placer le personnage dans le champ de la caméra.

Comédie d'aventure, *f.* : ces films mêlent les situations de comédie aux aventures auxquelles les héros se trouvent confrontés.

Comédie de caractère, *f.* : comédie fondée sur un personnage dont la particularité psychologique met chacun dans l'obligation de se situer par rapport à lui.

Comédie psychologique, *f.* : comédie qui se fonde sur l'affrontement des caractères différents des personnages.

Comique troupier, *m.* : comique d'origine militaire (comique des troupes armées). Par extension, comique pas très fin mais efficace.

Compte de soutien, *m.* : il est constitué par l'ensemble des aides distribuées par l'État.

Coproduction, *f.* : il s'agit des films où il n'y a pas un mais plusieurs producteurs (français ou étrangers) qui interviennent financièrement.

Dialoguiste : écrit le texte des dialogues que les acteurs vont jouer ; le scénariste est parfois dialoguiste.

Distribution, *f.* : intermédiaire entre la production et l'exploitant ; il participe au financement du film, assure la location et la circulation des copies des films et l'encaissement des recettes.

Exploitant, *m.* : propriétaires de salles de cinéma.

Film culte, *m.* : film célèbre
• par la place qu'il occupe dans l'histoire du cinéma (*Les Enfants du Paradis*) ;
• par la rencontre entre le film et son public (*Le Grand Bleu, 37°2 le matin*).

Film de cape et d'épée, *m.* : les héros de ces films se battent surtout à l'épée (*cf. Les Trois Mousquetaires*).

Film intimiste, *m.* : film centré sur les problèmes relationnels de quelques personnages (deux ou trois).

Gestionnaire des droits audiovisuels : les sociétés de cinéma tirent une partie de leurs revenus de la vente des droits de passage aux chaînes de télévision et de la commercialisation des cassettes vidéo.

Metteur en scène ou réalisateur ou cinéaste : celui qui a la responsabilité de l'ensemble du film.

Péplum, *m.* : film dont l'action se situe dans l'Antiquité grecque et romaine *(Ben-Hur, Spartacus, Cléopâtre)*.

Production, producteur : le producteur réunit les moyens financiers qui permettront la mise en œuvre du film, sa production.

Programmateur : il négocie les conditions de location et de passage des films dans les groupes de salles régionaux ou nationaux.

Réplique, *f.* : le texte qu'un comédien doit dire. L'ensemble des répliques constituent le dialogue.

Satire, *f.* : comédie qui dénonce un travers psychologique ou social.

Scénario, *m.* : récit du film à partir duquel le cinéaste réalise son fim ; il est découpé en séquences qui comprennent les dialogues et les descriptions des situations.

Scénariste : écrit le scénario, c'est-à-dire l'histoire que le film va raconter.

Studio, *m.* : lieu clos où l'on réalise les films dans des décors reconstitués ; s'oppose au tournage en milieu naturel.

Imprimé en France par I.M.E. - 25110 Baume-les-Dames
Dépôt légal n° 0369-08/1995
Collection n° 04 - Edition n° 02
15/4961/7